정철의 사도행전

영어로 통독암송

Acts

학습자

서약서

1.

사도행전 통독 · 암송의 시간을 통해 역사하실 하나님을 기대하며
매 학습 전 기도로 시작하겠습니다.

2.

요일과 시간을 정하여 꾸준히 학습하겠습니다.

3.

처음부터 배운데까지 누적하여 통독 · 암송하겠습니다.

4.

본문의 말씀을 묵상하며 얻은 깨달음을 삶에 적용시키겠습니다.

5.

학습 과정 가운데 얻은 은혜가 있다면 유튜브에 댓글로 남겨
많은 분들과 함께 은혜를 나누겠습니다.

년 월 일

(인)

본 교재는 정철 선생님의 '사도행전 영어로 통독 암송' 유튜브 강의의 워크북입니다.
강의 영상은 YouTube '정철영어성경TV' 채널에서 무료로 시청 가능하며, 원어민 음성과 함께 쉐도잉 할 수 있는 영상도 본 채널에서 함께 제공합니다.

왜 사도행전인가요?

사도행전은 예수님이 승천하신 뒤에 복음이 퍼져나가는 선교 역사를 담고 있는 책입니다.
사도행전에서의 성령의 일하심은 사람 사이의 다양한 일들을 통해 나타납니다.
이 세상 속 모든 일들이 하나님의 깊은 뜻 안에 움직임을 느낄 수 있습니다.

이는 오늘날 우리가 살아가는 세상과 결코 다르지 않습니다.
성령의 일하심이 당장 우리 눈에 보이지 않는 것 같아도 성령께서는 분명 일하고 계십니다.

교회를 습관적으로 다니는 행태, 사도행전적 생각이 줄어든 이 세대에
오늘 이 순간에도 동일하게 역사하고 계시는 성령님을 보게 되기를 바랍니다.

어떤 방식으로 학습하나요?

정철 선생님의 A.D. 학습법으로 본 성경말씀을 학습합니다.
영어성경을 기존 문법 위주의 분석식 학습이 아닌 청크 (영어의 의미 묶음) 단위로 뜻을 이해하고, 낭송하며 암송하는 방식입니다.
* A.D. 학습법에 대한 자세한 내용은 본 교재 (p. 06) '영어가 뻥 뚫리는 [A.D. 학습법]'에서 설명되어 있습니다.

왜 암송인가요?

많은 분들이 암송과 암기를 동일 선상에서 생각하며 어려운 것이라 여기지만 암송과 암기에는 큰 차이가 있습니다.
암기는 머리로 기억하기 위하여 억지로 외우는 방식으로, 결국은 잊어버리게 됩니다.
반면 암송은 입으로 소리내어 반복 낭송하는 방식으로 바위에 글씨가 새겨지듯 저절로 기억되게 됩니다.

본 교재를 어떻게 활용하나요?

1. YouTube '정철영어성경TV' 채널에 업로드 되는 정철 선생님의 강의를 필수로 시청해주시기 바랍니다.
2. 본문 말씀으로 Listen / Understand by chunk / Listen & Repeat / Shadow 형태로 진행됩니다.
3. 본 교재와 강의로 그룹 스터디를 진행하는 것을 추천드립니다.
   학습 진도를 함께 체크하고 암송한 내용을 공유하면 학습 완수율이 더 높아지실 거에요!

편저자 정철

1971년, 22세의 나이로 영어 선생이 되어 1979년 '정철카세트'로 영어교육계에 돌풍을 일으킨 이후 지금까지 수많은 저술과 강의로 효과적인 '영어학습법'을 보급하고 있다. 저서로 1998년 발표하여 150만 명 이상이 읽은 《정철영어혁명》과 2010년에 발표한 《대한민국 스피킹 살리기》가 있으며, 학원과 유튜브 교재를 다수 저술했다. 또, 2006년 1월부터 2008년 12월까지 3년간 CTS를 통해 "대한민국 죽은 영어 살리기"라는 제목으로 총 215시간의 영어성경/영어설교 특강을 방송하여 영어성경 돌풍을 일으켰고, 2010년부터 2018년까지 9년간 극동방송에서 '정철의 성경말씀 영어로 암송하기'를 방송했다. 현재는 젭스의 이사장이자, 유튜브 채널 '정철영어성경TV'를 통해 영어성경 강의를 재미있게 진행 중이다.

유튜브 영상과 교재를 효과적으로 공부하는 방법

YouTube

본 학습용 강의 및 Listen & Shadow 영상은 '정철영어성경TV' 유튜브 채널 (youtube.com/@JCEBTV)에서 시청할 수 있습니다.

1. 강의영상

◆ **Listen**

문장을 보지 않고, 배울 내용을 먼저 소리로 들어보는 부분

◆ **Understand by chunk**

정철 선생님의 내용 설명과 함께 궁금한 순서로 흐르는 영어를 청크 단위로 의미를 익히고 리듬 & 강세 살려 듣고 따라 하는 부분

◆ **Listen & Repeat**

조금 더 긴 청크 단위로 듣고 따라 하는 부분

◆ **Shadow**

배운 내용을 원어민 음원에 맞춰 동시에 따라 하는 부분

2. Listen & Shadow 영상

◆ 처음부터 배운 데까지 원어민 음원에 맞춰 동시에 따라 읽을 수 있는 영상입니다.
매 강의 영상 시청 완료 후 Listen & Shadow 영상으로 누적 낭송을 반복하면 어느새 암송이 됩니다.

영어가 뻥 뚫리는 [A.D. 학습법]

나는 22살부터 지금까지 50년이 넘도록 영어를 가르쳐왔다.
평생토록 연구하며 가르치다 보니 아는 것도 많아지고 가르치는 기술도 좋아져서,
한 때는 세계 최고 수준의 영어선생이라고 스스로 자부하기도 했었다.
그러면서도 항상 머릿속에 맴도는 의문이 있었다.
"이렇게 밖에는 안 되는 것일까?"
"좀 더 쉽고 재미있게 영어를 가르칠 수 있는 방법이 없을까?"

내가 처음 미국에 갔을 때, 나는 아주 조그만 어린 아이들이 유창하게 영어를 하는 것을 보고
충격을 받았다. 우리나라에서는 그토록 어렵게 배워도 잘 안 되는 영어를,
태어난 지 5~6년 밖에 안 되는 아이들이 어떻게 그렇게 쉽게 할 수 있단 말인가?
분명히 내가 모르는 원리가 어딘가에 숨어 있다고 생각했다.
영어교육에 관한 광범위한 서적들을 읽고 국제적인 세미나에도 열심히 참여하면서
그 비밀을 찾으려 애썼다.
그러나 시원한 해답을 얻을 수 없었다.

그러다가 1998년 큰 아들의 인도로 교회에 나가기 시작했다.
성경을 읽기 시작했다.
창세기 11장에서
"태초에 온 인류는 한 가지 언어를 가지고 있었으나 하나님께 범죄하여 수많은 언어로 갈라졌다."
에 충격을 받았다.

그러다가, 사도행전 2장에서 "오순절날 성도들이 모여서 기도하다가 성령이 내려오셔서
외국어의 입들을 열어 주셨다" 는 것을 읽고 더 큰 충격을 받았다.
"아하! 언어를 닫고 여는 것도 하나님이 하시는구나!"

기도하기 시작했다.

“아버지, 모든 언어를 아버지께서 만드셨으니,
누구나 쉽게 영어를 배울 수 있는 원리를 가르쳐 주시고, 입과 귀를 열어주세요.” 라고
줄기차게 기도했다.
얼마 지나지 않아서, 해답을 주시기 시작했다.
보기에는 복잡하게 보이지만,
결국 6가지의 청크가 궁금한 순서로 나열되는 것이 영어문장이며,
그것을 제대로 터득하는 방법은 좋은 문장을 소리내서 반복낭송하는 것이라는 것을 가르쳐 주셨다.
영어를 보는 시각이 바뀌면서 영어가 엄청나게 쉬워졌다.
이 때를 기점으로 나의 영어교수법은 완전히 달라졌다.

우리 연구소에서는 이 새로운 교수법을 [A.D. 교수법]이라고 하고,
그 이전의 교수법을 [B.C. 교수법]이라고 한다.
이 교재에서 사용하는 교수법이 바로 영어가 엄청나게 쉬워지는 [A.D. 교수법]이다.

하나님을 알고 난 뒤 또 한 가지 획기적인 사건은 바로 세계 최고의 영어교재를 발견한 것이다.
바로 영어성경이다.
영어성경은 내가 지금까지 보아온 중 가장 좋은 영어교재다.
문장이 아름답고, 문법도 정확하고, 어휘도 풍부해서 영어성경을 잘 활용하기만 한다면
단숨에 상당한 수준에 도달할 수 있다.
또한 말씀을 영어로 반복해서 암송할수록 성경 자체가 가지고 있는 영적 능력이
생수처럼 흘러나와 자신도 모르게 성령으로 충만해지고 급기야는 영어가 뻥 터지게 된다.

이러한 원리를 바탕으로 2006년부터 3년간 CTS 기독교TV를 통해서
"대한민국 죽은 영어 살리기"라는 제목으로 영어성경과 영어설교에 관한 강의를 방송했고,
2010년부터 2018년까지 매일 아침 8시에 극동방송 라디오를 통해서
[요한복음 영어로 듣고 말하기], [영어로 복음 전하기], [성경말씀 영어로 암송하기],
[야고보서 영어로 통째 암송] 등을 방송했다.

매일 아침 10분 남짓 방송되는 짧은 강좌였지만, 이것을 듣고
"영어가 너무 쉬워졌다."
"포기했던 영어에 자신이 생겼다."
"말씀이 뼛속까지 스며드는 것 같다."
"고등학생인데 모의고사 성적이 쑥 올랐다."
"단기선교 가서 영어로 복음을 전할 수 있어서 너무 행복했다."
등의 수강평이 많이 올라왔다.

2018년부터는 화면을 보면서 좀더 쉽게 공부할 수 있도록,
유튜브를 통해서 전세계로, [요한복음 영어로 통독 암송], [영어로 복음 전하기],
[야고보서 영어로 통독 암송], [요나서 영어로 통독 암송], [요한일서 영어로 통독 암송],
[산상수훈 영어로 통독 암송], [요셉 이야기 영어로 통독 암송],
[로마서 8장 영어로 통독 암송] 등을 암송했고,
이번에는 [사도행전 영어로 통독 암송]을 방송한다.

"하나님의 말씀은 살아 있고 활력이 있어 좌우에 날선 어떤 검보다도 예리하여
혼과 영과 및 관절과 골수를 찔러 쪼개기까지 하며
또 마음의 생각과 뜻을 판단하나니
지으신 것이 하나도 그 앞에 나타나지 않음이 없고

우리의 결산을 받으실 이의 눈 앞에
만물이 벌거벗은 것 같이 드러나느니라." (히브리서 4:12-13)

암송된 말씀은 핵미사일처럼 날아가서 듣는 사람과 말하는 사람의 혼과 영을
찔러 쪼개고 벌거벗기며 근본적으로 변화시킨다.

모세가 죽은 뒤 리더가 된 여호수아에게 하나님은
"강하고 담대하고, 두려워하지 말라."
하시면서 다음과 같은 말씀을 주셨다.

"이 율법책을 네 입에서 떠나지 말게 하며 주야로 그것을 묵상하여 그 안에 기록된 대로
다 지켜 행하라 그리하면 네 길이 평탄하게 될 것이며 네가 형통하리라" (여호수아 1:8)

그분의 말씀을 밤낮으로 묵상하라는 계명이시다.
여기서 "묵상"하라고 하는 말의 히브리 원어는
일반적인 묵상과는 다른 의미를 가지고 있다.
보통 "묵상하다" (meditate)라고 하면 조용히 생각하고 연구하는 것으로 느껴진다.
하지만 히브리 원어 "하가 (הגה)"의 실제적 의미는
"읊조리다, 중얼거리다" (murmur) 혹은 "신음소리를 내다" (growl)이다.
그것은 사자의 으르렁거리는 소리나 비둘기의 구구소리 등
동물이 내는 소리를 묘사하는 데 더 자주 사용되었다.
따라서 여기서 묵상하라는 말씀은
그 말씀이 화살처럼 우리의 심령에 깊이 박히고 새겨질 때까지
주야로 끊임없이 큰 소리로 반복해서 외치라는 것이다.
그러면 "네 길이 평탄하게 되며, 모든 일에 형통"하게 되며,

또한 이 말씀들을 영어로 암송할 때
그 안에 깃들어 있는 신령한 영적 능력이 뿜어나와 영어 입을 열어주시는 것이다.

이 "사도행전 영어로 통독 암송" 줄여서 [사도행전]의 본문은,
우리말은 [개역개정],
영어는 [NIV 2011]에서 인용하였다.

과거의 일본식 영어에서 벗어나 누구나 쉽고 재미있게 말씀을 암송할 수 있게 만들었다.
외워지지 않는 것을 강제로 외우는 옛날식 방식이 아니다.
그저 자연스럽게 순서대로 따라가다 보면 저절로 영어로 말씀을 암송하는 새로운 방법이다.

유튜브를 보면서 공부하거나, 교회 주일학교나 학교에서 선생님의 지도를 받으며
공부할 수 있도록 Workbook 형식으로 만들어졌다.

그러면, 영어가 쉬워지는 새로운 원리를 간단히 설명 드린다.

영어가 쉬워지는 새로운 원리

첫째 원리 영어문장은 **궁금한 순서**로 흘러간다

<궁금한 순서 어순감각>

영어는 원래 쉬운 언어다.

단지 어렵게 배워서 잘 못하는 것뿐이다.

영어의 기본 원리는 단 한가지,

바로, **'궁금한 순서로 말한다'** 는 것이다.

높은 곳에서 물을 부으면 낮은 곳을 찾아서 이리저리 자연스럽게 흘러가는 물처럼

영어는 일단 '주어+동사'로 말을 시작해 놓으면

꼬리를 무는 궁금증을 따라서 저절로 흘러가게 되어있다.

요한복음 1장 12절 말씀을 가지고 살펴보자.

To all	모두에게
	(모두 누구?)
who received him,	그분을 영접한
	("누구?" 하고 궁금하면 이렇게 who로 받는다.)
to those	그들에게
	(그들 누구? 또 who로 받는다.)
who believed	믿는
	(뭘 믿는데?)
in his name,	그분의 이름을
	(그 사람들에게 뭘 했는데?)
he gave the right	그분은 권리를 주셨다
	(무슨 권리?)
to become children	자녀가 되는
	(누구의 자녀?)
of God.	하나님의

이런 식으로 한마디가 나오면 그에 따르는 궁금함이 생기고
그 궁금한 것에 대해 답을 하면 또 그에 따른 새로운 궁금함이 생겨서
꼬리가 계속 이어져 나간다.
영어문장은 어떤 것이든지 바로 이 간단한 원리에 의해 흘러간다.
이 원리 하나만 터득해도 영어가 엄청나게 쉬워지고,
영어성경을 얼마든지 읽고 이해하고, 말할 수 있다.

<영어를 만드는 여섯 개의 청크>

영어가 흘러가는 모습을 자세히 관찰해 보면
낱개 단어로 움직이는 것이 아니라, 단어들이 몇 개씩 모여서 덩어리로 진행된다.
이 덩어리를 **'청크(chunk)'**라고 한다.
종류는 6가지다.

1) 주어+동사 청크
2) 전명구(전치사+명사) 청크
3) 준동사 청크 ① to 부정사
4) 준동사 청크 ② ing
5) 준동사 청크 ③ p.p
6) 접속사절 청크

아까 했던 요한복음 1장 12절을 다시 살펴보자.

To all who received him,
(전명구) (접속사절)

to those who believed in his name,
(전명구) (접속사절) (전명구)

he gave the right to become children of God.
(주어동사 청크) (to 부정사) (전명구)

어떤가? 아무리 봐도 이 6가지 청크 밖에 없지 않은가?

옛날식 방법으로 어렵게 영어를 배우다 보면, 영어의 구조가 꽤 복잡하게 느껴지지만

알고 보면 이 6가지의 청크를 궁금한 순서로 말하는 게 영어문장의 전부다.

지금까지 어렵게 배우던 문법도 결국 이 청크들을 복잡하게 설명한 것뿐이다.

쉽게 배워서 쉽게 쓰면 영어가 쉬워진다.

(좀 더 자세한 내용은 영어혁명 2편 [대한민국 스피킹 살리기]를 읽어보시라. 영어성공희망자 필독서)

둘째 원리 강세와 리듬을 알아야 영어가 된다

영어 소리의 비결은 강세와 리듬에 있다.

영어에는 영어만의 독특한 리듬이 있다.

중요한 단어들은 강하고 길게 말하고, 나머지 단어들은 약하고 짧게 발음한다.

강하고 길게 소리 나는 음절들이 거의 일정한 간격으로 말해지면서

파도치듯 박자가 맞춰지는 것이 바로 영어의 강세와 리듬이다.

어순과 청크를 아는 것도 중요하지만

그것들이 제대로 힘을 받으려면 강세와 리듬이 들어가야 한다.

강세와 리듬이 없다면

근육과 인대로 이어지지 않은 뼈들처럼 단어들이 와르르 무너지기 때문이다.

영어가 숙달되는 가장 좋은 방법은 영어문장을 박자 맞춰 읽는 것이다.

이 교재로 공부하면서,

매일같이 본문을 궁금한 어순감각을 느끼며 박자 맞춰 읽어보시라.

얼마 안 가서 영어가 뻥 뚫리는 것을 경험하게 될 것이다.

(자세한 내용은 영어혁명 1편 [대한민국 죽은영어 살리기]의 [Chapter 15. 영어가 '뻥' 뚫리는 강력한 리듬훈련] 참조)

교재의 구성

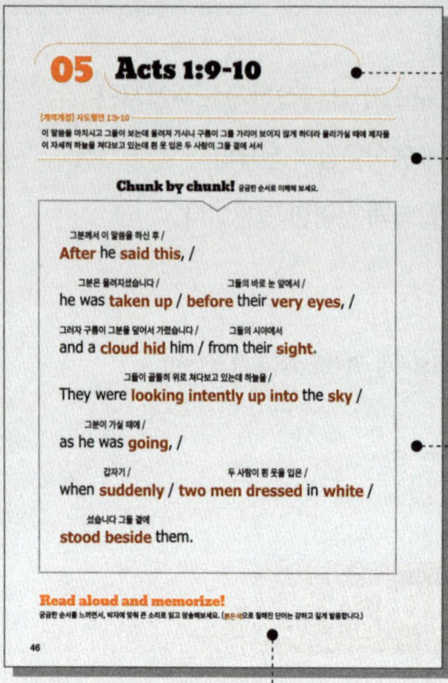

05 Acts 1:9-10

[개역개정] 사도행전 1:9-10

이 말씀을 마치시고 그들이 보는데 올려져 가시니 구름이 그를 가리어 보이지 않게 하더라 올라가실 때에 제자들이 자세히 하늘을 쳐다보고 있는데 흰 옷 입은 두 사람이 그들 곁에 서서

Chunk by chunk! 궁금한 순서로 이해해 보세요.

그분께서 이 말씀을 하신 후 /
After he **said this**, /

그분은 올려지셨습니다 / 그들의 바로 눈 앞에서 /
he was **taken up** / **before** their **very eyes**, /

그러자 구름이 그분을 덮어서 가렸습니다 / 그들의 시야에서
and a **cloud hid** him / from their **sight**.

그들이 골똘히 위로 쳐다보고 있는데 하늘을 /
They were **looking intently up into** the **sky** /

그분이 가실 때에 /
as he was **going**, /

갑자기 / 두 사람이 흰 옷을 입은 /
when **suddenly** / **two men dressed** in **white** /

섰습니다 그들 곁에
stood beside them.

Read aloud and memorize!
궁금한 순서를 느끼면서, 박자에 맞춰 큰 소리로 읽고 암송해보세요. (붉은색으로 칠해진 단어는 강하고 길게 발음합니다.)

46

Words title!

암송할 성경 말씀 장.절을 표기하였다.

우리말 성경!

암송할 영어 성경 말씀에 해당하는 우리말 번역본으로 개역개정을 사용하였다.

Chunk by chunk!

암송할 영어성경 말씀을 궁금한 순서로 읽고 이해하는 단계이다.
본문의 내용을 청크 단위로 읽으면서 영어성경을 쉽게 이해하게 된다.
(영어의 강세와 리듬을 익히도록 강세를 받는 단어들을 붉은색으로 표기했다.)

Read aloud and memorize!

영어의 강세와 리듬을 터득하도록 본문을 큰소리로 박자에 맞춰 읽고 암송하는 단계이다.

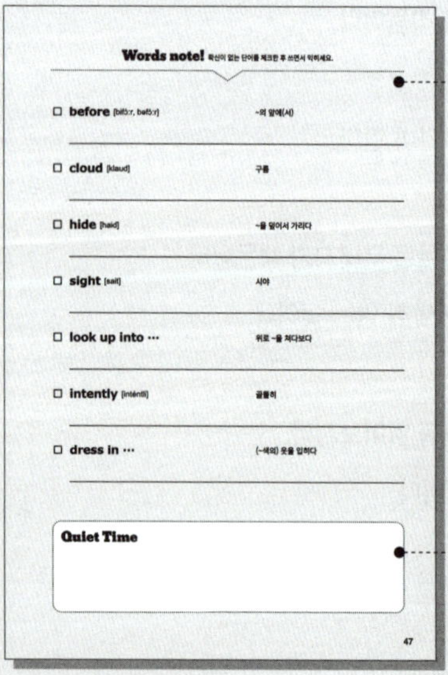

Words note! 확신이 없는 단어를 체크한 후 쓰면서 익히세요.

- ☐ **before** [bifɔ́:r, bəfɔ́:r] ~의 앞에(서)
- ☐ **cloud** [klaud] 구름
- ☐ **hide** [haid] ~을 덮어서 가리다
- ☐ **sight** [sait] 시야
- ☐ **look up into …** 위로 ~을 쳐다보다
- ☐ **intently** [inténtli] 골똘히
- ☐ **dress in …** (~색의) 옷을 입히다

Quiet Time

47

Words note!

중요 단어들의 뜻을 쓰면서 익히는 단계이다.

Quiet Time

오늘 나에게 주신 말씀을 묵상할 수 있는 공간이다.

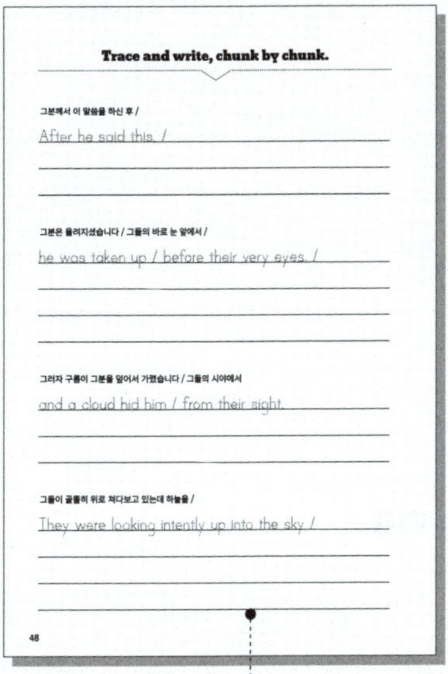

Trace and write, chunk by chunk.

그분께서 이 말씀을 하신 후 /

After he said this. /

그분은 올려지셨습니다 / 그들의 바로 눈 앞에서 /

he was taken up / before their very eyes. /

그러자 구름이 그분을 덮어서 가렸습니다 / 그들의 시야에서

and a cloud hid him / from their sight.

그들이 골똘히 위로 쳐다보고 있는데 하늘을 /

They were looking intently up into the sky /

48

Trace and write, chunk by chunk.

우리말을 보며 궁금한 순서대로 흘러가는 어순감각을
느끼면서 영어 문장을 베껴 쓰는 단계이다.

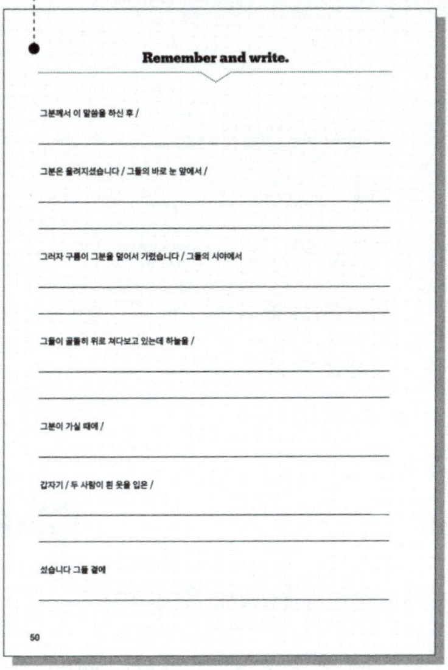

Remember and write.

그분께서 이 말씀을 하신 후 /

그분은 올려지셨습니다 / 그들의 바로 눈 앞에서 /

그러자 구름이 그분을 덮어서 가렸습니다 / 그들의 시야에서

그들이 골똘히 위로 쳐다보고 있는데 하늘을 /

그분이 가실 때에 /

갑자기 / 두 사람이 흰 옷을 입은 /

섰습니다 그들 곁에

50

Remember and write.

본문을 보지 않고 우리말 힌트를 참고하여
쓰고, 암송하여 또 한 번 쓰는 단계이다.

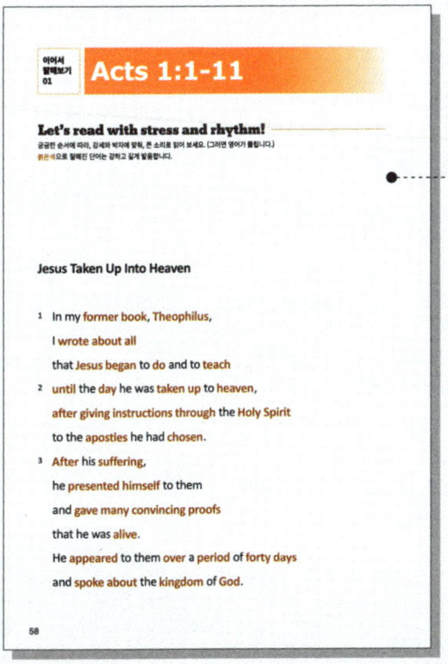

이어서 말해보기 01

Acts 1:1-11

Let's read with stress and rhythm!

궁금한 순서에 따라, 강세와 박자에 맞춰, 큰 소리로 읽어 보세요. (그러면 영어가 들립니다.)
붉은색으로 칠해진 단어는 강하고 길게 발음합니다.

Jesus Taken Up Into Heaven

1 In my former book, Theophilus,
I wrote about all
that Jesus began to do and to teach
2 until the day he was taken up to heaven,
after giving instructions through the Holy Spirit
to the apostles he had chosen.
3 After his suffering,
he presented himself to them
and gave many convincing proofs
that he was alive.
He appeared to them over a period of forty days
and spoke about the kingdom of God.

58

이어서 말해보기!

여러 Unit에 걸쳐 공부한 내용을 이어서
강세와 리듬에 맞춰 읽는 단계이다.
강세와 리듬을 넣어 반복해서 읽다 보면
내용이 정리되고 어순감각이 트이게 된다.

TABLE OF CONTENTS

Chapter 06

Peter Heals a Lame Beggar

Chapter 07

Peter Speaks to the Onlookers

Chapter 08

Peter and John Before the Sanhedrin

Chapter 09

The Believers Pray

Chapter 10

The Believers Share Their Possessions

Appendix

06

Peter Heals a Lame Beggar

36 Acts 3:1-2

[개역개정] 사도행전 3:1-2

제 구 시 기도 시간에 베드로와 요한이 성전에 올라갈새 나면서 못 걷게 된 이를 사람들이 메고 오니 이는 성전에 들어가는 사람들에게 구걸하기 위하여 날마다 미문이라는 성전 문에 두는 자라

Chunk by chunk! 궁금한 순서로 이해해 보세요.

Peter Heals a Lame Beggar

(베드로가 절름발이의 거지를 고치다)

어느 날 /
One day /

베드로와 요한이 걸어 올라가고 있었습니다 성전으로 /
Peter and **John** were **going up** to the **temple** /

기도 시간에 / 오후 세 시에
at the **time** of **prayer** — / at **three** in the **afternoon**.

한 사람이 / 절름발이였던 태어날 때부터 /
Now a **man** / who was **lame** from **birth** /

실려 들어가고 있었습니다 성전 문으로 / 아름다운 문이라고 불리는 /
was being **carried** to the **temple gate** / **called Beautiful**, /

그 곳에 그가 놓여졌습니다 매일 /
where he was **put every day** /

사람들에게 구걸하도록 / 성전 안뜰 안으로 들어가고 있는
to **beg** from **those** / **going into** the **temple courts**.

Read aloud and memorize!

궁금한 순서를 느끼면서, 박자에 맞춰 큰 소리로 읽고 암송해보세요. (붉은색으로 칠해진 단어는 강하고 길게 발음합니다.)

Words note! 확신이 없는 단어를 체크한 후 쓰면서 익히세요.

☐ **heal** [hi:l] 고치다, 치유하다

☐ **lame** [leim] 절음발이의

☐ **beggar** [bégər] 거지, 걸인
*beg [beg] 구걸하다

☐ **temple** [témpl] 성전, 회당

☐ **prayer** [prεər] 기도

☐ **from birth** 태어날 때부터, 나면서부터

☐ **carry** [kǽri] ~을 나르다, 실어 옮기다

☐ **put** [put] ~을 놓다, 놓아 두다

☐ **court** [kɔ:rt] 안뜰, 안마당

Trace and write, chunk by chunk.

베드로가 절름발이의 거지를 고치다

Peter Heals a Lame Beggar

어느 날 /

One day /

베드로와 요한이 걸어 올라가고 있었습니다 성전으로 /

Peter and John were going up to the temple /

기도 시간에 / 오후 세 시에

at the time of prayer — / at three in the afternoon.

한 사람이 / 절름발이였던 태어날 때부터 /

Now a man / who was lame from birth /

실려 들어가고 있었습니다 성전 문으로 / 아름다운 문이라고 불리는 /

was being carried to the temple gate / called Beautiful. /

그 곳에 그가 놓여졌습니다 매일 /

where he was put every day /

사람들에게 구걸하도록 / 성전 안뜰 안으로 들어가고 있는

to beg from those / going into the temple courts.

Remember and write.

베드로가 절름발이의 거지를 고치다

어느 날 /

베드로와 요한이 걸어 올라가고 있었습니다 성전으로 /

기도 시간에 / 오후 세 시에

한 사람이 / 절름발이였던 태어날 때부터 /

실려 들어가고 있었습니다 성전 문으로 / 아름다운 문이라고 불리는 /

그 곳에 그가 놓여졌습니다 매일 /

사람들에게 구걸하도록 / 성전 안뜰 안으로 들어가고 있는

Remember and write.

37 Acts 3:3-5

[개역개정] 사도행전 3:3-5

그가 베드로와 요한이 성전에 들어가려 함을 보고 구걸하거늘 베드로가 요한과 더불어 주목하여 이르되 우리를 보라 하니 그가 그들에게서 무엇을 얻을까 하여 바라보거늘

Chunk by chunk! 궁금한 순서로 이해해 보세요.

그가 베드로와 요한을 봤을 때 / 막 들어가려고 하는 /
When he **saw Peter** and **John** / **about** to **enter**, /

그는 그들에게 돈을 요구했습니다
he **asked** them for **money**.

베드로는 똑바로 쳐다 봤습니다 그를 /
Peter looked straight at him, /

요한이 그랬던 것처럼
as **did John**.

그러고 나서 베드로가 말했습니다 / 우리를 보십시오
Then Peter said, / "**Look** at us!"

그러자 그 사람은 그들에게 주목했습니다 /
So the **man gave** them his **attention**, /

기대하면서 무엇인가를 받을 것으로 그들에게서
expecting to **get something** from them.

Read aloud and memorize!

궁금한 순서를 느끼면서, 박자에 맞춰 큰 소리로 읽고 암송해보세요. (붉은색으로 칠해진 단어는 강하고 길게 발음합니다.)

Words note! 확신이 없는 단어를 체크한 후 쓰면서 익히세요.

☐ **be about to …** 이제 막 ~하려고 하다

☐ **enter** [éntər] 들어가다

☐ **ask for …** ~을 요구하다, 요청하다

☐ **look straight at …** ~을 똑바로 쳐다보다

☐ **give … one's attention** ~에 주목하다, ~에 (~의) 주의를 기울이다

☐ **expect** [ikspékt] ~하리라고 기대하다

☐ **get** [get] ~을 얻다, 받다

Quiet Time

Trace and write, chunk by chunk.

그가 베드로와 요한을 봤을 때 / 막 들어가려고 하는 /

When he saw Peter and John / about to enter, /

그는 그들에게 돈을 요구했습니다

he asked them for money.

베드로는 똑바로 쳐다 봤습니다 그를 /

Peter looked straight at him, /

요한이 그랬던 것처럼

as did John.

그러고 나서 베드로가 말했습니다 / 우리를 보십시오

Then Peter said, / "Look at us!"

그러자 그 사람은 그들에게 주목했습니다 /

So the man gave them his attention, /

기대하면서 무엇인가를 받을 것으로 그들에게서

expecting to get something from them.

Remember and write.

그가 베드로와 요한을 봤을 때 / 막 들어가려고 하는 /

그는 그들에게 돈을 요구했습니다

베드로는 똑바로 쳐다 봤습니다 그를 /

요한이 그랬던 것처럼

그러고 나서 베드로가 말했습니다 / 우리를 보십시오

그러자 그 사람은 그들에게 주목했습니다 /

기대하면서 무엇인가를 받을 것으로 그들에게서

Remember and write.

38 Acts 3:6-7

[개역개정] 사도행전 3:6-7

베드로가 이르되 은과 금은 내게 없거니와 내게 있는 이것을 네게 주노니 나사렛 예수 그리스도의 이름으로 일어나 걸으라 하고 오른손을 잡아 일으키니 발과 발목이 곧 힘을 얻고

Chunk by chunk! 궁금한 순서로 이해해 보세요.

그러자 베드로가 말했습니다 /
Then Peter said, /

은이나 금은 / 내가 가지고 있지 않습니다 /
"**Silver** or **gold** / I do **not** have, /

그러나 내가 가지고 있는 것을 / 내가 당신에게 주겠습니다
but **what** I **do** have / I **give** you.

이름으로 나사렛 예수 그리스도의 / 걸으십시오
In the **name** of **Jesus Christ** of **Nazareth**, / **walk**."

그의 오른손을 붙잡으면서 /
Taking him by the **right hand**, /

그는 그를 도와 일으켰습니다 /
he **helped** him **up**, /

그러자 즉시 / 그 사람의 발과 발목이 강해졌습니다
and **instantly** / the **man's feet** and **ankles became strong**.

Read aloud and memorize!

궁금한 순서를 느끼면서, 박자에 맞춰 큰 소리로 읽고 암송해보세요. (붉은색으로 칠해진 단어는 강하고 길게 발음합니다.)

Words note! 확신이 없는 단어를 체크한 후 쓰면서 익히세요.

- ☐ **give** [giv] 주다
- ☐ **walk** [wɔ:k] 걷다, 걸어가다
- ☐ **take … by the right hand** ~의 오른손을 (붙)잡다
- ☐ **help** [help] ~을 도와서(거들어서) ~되게 하다
- ☐ **instantly** [ínstəntli] 곧, 즉각
- ☐ **ankle** [ǽŋkl] 발목
- ☐ **become** [bikʌm] ~(해)지다, ~이 되다

Quiet Time

Trace and write, chunk by chunk.

그러자 베드로가 말했습니다 /

Then Peter said, /

은이나 금은 / 내가 가지고 있지 않습니다 /

"Silver or gold / I do not have, /

그러나 내가 가지고 있는 것을 / 내가 당신에게 주겠습니다

but what I do have / I give you.

이름으로 나사렛 예수 그리스도의 / 걸으십시오

In the name of Jesus Christ of Nazareth, / walk."

그의 오른손을 붙잡으면서 /

Taking him by the right hand, /

그는 그를 도와 일으켰습니다 /

he helped him up, /

그러자 즉시 / 그 사람의 발과 발목이 강해졌습니다

and instantly / the man's feet and ankles became strong.

Remember and write.

그러자 베드로가 말했습니다 /

은이나 금은 / 내가 가지고 있지 않습니다 /

그러나 내가 가지고 있는 것을 / 내가 당신에게 주겠습니다

이름으로 나사렛 예수 그리스도의 / 걸으십시오

그의 오른손을 붙잡으면서 /

그는 그를 도와 일으켰습니다 /

그러자 즉시 / 그 사람의 발과 발목이 강해졌습니다

Remember and write.

39 Acts 3:8-10

[개역개정] 사도행전 3:8-10

뛰어 서서 걸으며 그들과 함께 성전으로 들어가면서 걷기도 하고 뛰기도 하며 하나님을 찬송하니 모든 백성이 그 걷는 것과 하나님을 찬송함을 보고 그가 본래 성전 미문에 앉아 구걸하던 사람인 줄 알고 그에게 일어난 일로 인하여 심히 놀랍게 여기며 놀라니라

Chunk by chunk! 궁금한 순서로 이해해 보세요.

그는 벌떡 일어서더니 / 시작했습니다 걷기

He **jumped** to his **feet** / and **began** to **walk**.

그러고 나서 그는 그들과 함께 갔습니다 성전 안뜰 안으로 /

Then he **went** with them **into** the **temple courts**, /

걸으면서 껑충껑충 뛰면서 / 그리고 하나님을 찬양하면서

walking and **jumping**, / and **praising God**.

모든 사람들이 그를 봤을 때 / 걸으면서 하나님을 찬양하고 있는 /

When **all** the **people saw** him / **walking** and **praising God**, /

그들은 그를 알아 보았습니다 / 동일한 남자로 /

they **recognized** him / as the **same man** /

앉아서 구걸했던 / 성전 문에서 아름다운 문이라고 불리는 /

who **used** to **sit begging** / at the **temple gate called Beautiful**, /

그래서 그들은 가득 찼습니다 경탄과 놀라움으로 /

and they were **filled** with **wonder** and **amazement** /

그에게 일어난 일에 대해

at **what** had **happened** to him.

Read aloud and memorize!

궁금한 순서를 느끼면서, 박자에 맞춰 큰 소리로 읽고 암송해보세요. (붉은색으로 칠해진 단어는 강하고 길게 발음합니다.)

Words note! 확신이 없는 단어를 체크한 후 쓰면서 익히세요.

- ☐ **jump to one's feet** 벌떡 일어서다
- ☐ **walk** [wɔːk] 걷다, 걸어가다
- ☐ **praise** [preiz] (하느님을) 찬양하다, 찬송(찬미)하다
- ☐ **recognize** [rékəgnàiz] ~을 알다, 알아보다, 인정하다
- ☐ **same** [seim] 같은, 동일한

☐ **used to …** ~하곤 했다

☐ **beg** [beg] 구걸하다

☐ **fill with …** ~으로 가득 차다

☐ **wonder** [wʌndər] 경탄, 경이(감)

☐ **amazement** [əméizmənt] (대단한) 놀라움

☐ **happen** [hǽpən] ~에게 일어나다, 생기다

Quiet Time

Trace and write, chunk by chunk.

그는 벌떡 일어서더니 / 시작했습니다 걷기

He jumped to his feet / and began to walk.

그러고 나서 그는 그들과 함께 갔습니다 성전 안뜰 안으로 /

Then he went with them into the temple courts. /

걸으면서 껑충껑충 뛰면서 / 그리고 하나님을 찬양하면서

walking and jumping, / and praising God.

모든 사람들이 그를 봤을 때 / 걸으면서 하나님을 찬양하고 있는 /

When all the people saw him / walking and praising God, /

그들은 그를 알아 보았습니다 / 동일한 남자로 /

they recognized him / as the same man /

앉아서 구걸했던 / 성전 문에서 아름다운 문이라고 불리는 /

who used to sit begging / at the temple gate called Beautiful, /

그래서 그들은 가득 찼습니다 경탄과 놀라움으로 /

and they were filled with wonder and amazement /

그에게 일어난 일에 대해

at what had happened to him.

Remember and write.

그는 벌떡 일어서더니 / 시작했습니다 걷기

그러고 나서 그는 그들과 함께 갔습니다 성전 안뜰 안으로 /

걸으면서 껑충껑충 뛰면서 / 그리고 하나님을 찬양하면서

모든 사람들이 그를 봤을 때 / 걸으면서 하나님을 찬양하고 있는 /

그들은 그를 알아 보았습니다 / 동일한 남자로 /

앉아서 구걸했던 / 성전 문에서 아름다운 문이라고 불리는 /

그래서 그들은 가득 찼습니다 경탄과 놀라움으로 /

그에게 일어난 일에 대해

Remember and write.

이어서
말해보기
06

Acts 3:1-10

Let's read with stress and rhythm!

궁금한 순서에 따라, 강세와 박자에 맞춰, 큰 소리로 읽어 보세요. (그러면 영어가 뚫립니다.)
붉은색으로 칠해진 단어는 강하고 길게 발음합니다.

Peter Heals a Lame Beggar

1 **One day**

Peter and **John** were **going up** to the **temple**

at the **time** of **prayer** —

at **three** in the **afternoon**.

2 **Now** a **man** who was **lame** from **birth**

was being **carried** to the **temple gate called Beautiful**,

where he was **put every day**

to **beg** from **those going into** the **temple courts**.

3 When he **saw Peter** and **John about** to **enter**,

he **asked** them for **money**.

4 **Peter looked straight** at him, as **did John**.

Then Peter said, "**Look** at us!"

5 So the man gave them his attention,
expecting to get something from them.
6 Then Peter said,
"Silver or gold I do not have,
but what I do have I give you.
In the name of Jesus Christ of Nazareth, walk."
7 Taking him by the right hand,
he helped him up,
and instantly the man's feet and ankles became strong.
8 He jumped to his feet and began to walk.
Then he went with them into the temple courts,
walking and jumping, and praising God.
9 When all the people saw him walking and praising God,
10 they recognized him as the same man
who used to sit begging
at the temple gate called Beautiful,
and they were filled with wonder and amazement
at what had happened to him.

07

Peter Speaks to the Onlookers

40 Acts 3:11-12

[개역개정] 사도행전 3:11-12

나은 사람이 베드로와 요한을 붙잡으니 모든 백성이 크게 놀라며 달려 나아가 솔로몬의 행각이라 불리우는 행각에 모이거늘 베드로가 이것을 보고 백성에게 말하되 이스라엘 사람들아 이 일을 왜 놀랍게 여기느냐 우리 개인의 권능과 경건으로 이 사람을 걷게 한 것처럼 왜 우리를 주목하느냐

Chunk by chunk! 궁금한 순서로 이해해 보세요.

Peter Speaks to the Onlookers

(베드로가 구경꾼들에게 말하다)

그 사람이 베드로와 요한을 잡고 있을 때 /
While the **man held on** to **Peter** and **John**, /

모든 사람들이 몹시 놀라서 /
all the **people** were **astonished** /

달려 왔습니다 그들에게로 /
and **came running** to them /

장소에 있는 솔로몬 행각이라고 불리는
in the **place called Solomon's Colonnade**.

베드로가 이것을 봤을 때 / 그는 그들에게 말했습니다
When **Peter saw this**, / he **said** to them:

동료 이스라엘인 여러분 /
"**Fellow Israelites**, /

왜 이 일에 여러분이 놀라십니까
why does **this surprise** you?

왜 여러분은 우리를 쳐다 보십니까 /
Why do you **stare** at us /

마치 우리 자신의 권능이나 경건함에 의해서 /
as **if** by our **own power** or **godliness** /

우리가 이 사람을 걷게 한 것처럼
we had **made this man walk**?

Read aloud and memorize!

궁금한 순서를 느끼면서, 박자에 맞춰 큰 소리로 읽고 암송해보세요. (붉은색으로 칠해진 단어는 강하고 길게 발음합니다.)

Words note! 확신이 없는 단어를 체크한 후 쓰면서 익히세요.

☐ **speak** [spi:k] 말하다

☐ **onlooker** [ɔ'nlʊˌkər] 구경꾼

☐ **hold on to …** ~을 (꼭) 잡고 있다

☐ **astonished** [əstániʃt] ~에 깜짝 놀란

☐ **colonnade** [kὰlənéid] 주랑 (柱廊) (보통 지붕을 떠받치도록 일렬로 세운 돌기둥)

☐ **surprise** [əstániʃ] ~을 깜짝 놀라게 하다, 놀래다

☐ **stare at …** ~을 응시하다, 바라보다

☐ **own** [oun] (소유를 나타내는 강조어) 자기 자신의, 자기가 가지고 있는

☐ **godliness** [gάdlinis] 경건함, 신앙심이 두터움

☐ **make** [meik] (~로 하여금 ~을 하게) 만들다, 하다

☐ **walk** [wɔːk] 걷다, 걸어가다

Quiet Time

Trace and write, chunk by chunk.

베드로가 구경꾼들에게 말하다

Peter Speaks to the Onlookers

그 사람이 베드로와 요한을 잡고 있을 때 /

While the man held on to Peter and John, /

모든 사람들이 몹시 놀라서 /

all the people were astonished /

달려 왔습니다 그들에게로 /

and came running to them /

장소에 있는 솔로몬 행각이라고 불리는

in the place called Solomon's Colonnade.

베드로가 이것을 봤을 때 / 그는 그들에게 말했습니다

When Peter saw this, / he said to them:

동료 이스라엘인 여러분 /

"Fellow Israelites, /

왜 이 일에 여러분이 놀라십니까

why does this surprise you?

왜 여러분은 우리를 쳐다 보십니까 /

Why do you stare at us /

마치 우리 자신의 권능이나 경건함에 의해서 /

as if by our own power or godliness /

우리가 이 사람을 걷게 한 것처럼

we had made this man walk?

Remember and write.

베드로가 구경꾼들에게 말하다

그 사람이 베드로와 요한을 잡고 있을 때 /

모든 사람들이 몹시 놀라서 /

달려 왔습니다 그들에게로 /

장소에 있는 솔로몬 행각이라고 불리는

베드로가 이것을 봤을 때 / 그는 그들에게 말했습니다

동료 이스라엘인 여러분 /

왜 이 일에 여러분이 놀라십니까

왜 여러분은 우리를 쳐다 보십니까 /

마치 우리 자신의 권능이나 경건함에 의해서 /

우리가 이 사람을 걷게 한 것처럼

Remember and write.

41 Acts 3:13

[개역개정] 사도행전 3:13

아브라함과 이삭과 야곱의 하나님 곧 우리 조상의 하나님이 그의 종 예수를 영화롭게 하셨느니라 너희가 그를 넘겨 주고 빌라도가 놓아 주기로 결의한 것을 너희가 그 앞에서 거부하였으니

Chunk by chunk! 궁금한 순서로 이해해 보세요.

그 하나님 아브라함 이삭 그리고 야곱의 /

The **God** of **Abraham**, **Isaac** and **Jacob**, /

곧 우리 조상들의 그 하나님께서 /

the **God** of our **fathers**, /

영광스럽게 하셨습니다 그분의 종 예수님을

has **glorified** his **servant Jesus**.

여러분이 그분을 넘겼습니다 / 죽게 하려고 /

You **handed** him **over** / to be **killed**, /

그리고 여러분이 그분을 부인했습니다 / 빌라도 앞에서 /

and you **disowned** him / **before Pilate**, /

비록 그가 결심하지만 / 그분을 풀어서 놓아주기로

though he had **decided** / to **let** him **go**.

Read aloud and memorize!

궁금한 순서를 느끼면서, 박자에 맞춰 큰 소리로 읽고 암송해보세요. (붉은색으로 칠해진 단어는 강하고 길게 발음합니다.)

Words note! 확신이 없는 단어를 체크한 후 쓰면서 익히세요.

☐ **father** [fɑ́:ðər] (보통 the one's fathers) (문어) 조상, 선조

☐ **glorify** [glɔ́:rəfài] 영광을 돌리다

☐ **hand … over to …** ~를 ~에게 건네주다

☐ **kill** [kil] 죽이다, 살해하다

☐ **disown** [disóun] ~을 부인하다

☐ **decide** [disáid] ~하기로 결심하다

☐ **let … go** ~를 풀어서 놓아주다

Quiet Time

Trace and write, chunk by chunk.

그 하나님 아브라함 이삭 그리고 야곱의 /

The God of Abraham, Isaac and Jacob, /

곧 우리 조상들의 그 하나님께서 /

the God of our fathers, /

영광스럽게 하셨습니다 그분의 종 예수님을

has glorified his servant Jesus.

여러분이 그분을 넘겼습니다 / 죽게 하려고 /

You handed him over / to be killed. /

그리고 여러분이 그분을 부인했습니다 / 빌라도 앞에서 /

and you disowned him / before Pilate. /

비록 그가 결심하지만 / 그분을 풀어서 놓아주기로

though he had decided / to let him go.

Remember and write.

그 하나님 아브라함 이삭 그리고 야곱의 /

곧 우리 조상들의 그 하나님께서 /

영광스럽게 하셨습니다 그분의 종 예수님을

여러분이 그분을 넘겼습니다 / 죽게 하려고 /

그리고 여러분이 그분을 부인했습니다 / 빌라도 앞에서 /

비록 그가 결심하지만 / 그분을 풀어서 놓아주기로

Remember and write.

Verse Work

Answer.

How had the Jews treated Jesus?

Answer Key: They had handed him over to be killed, and they had disowned him before Pilate.

42 Acts 3:14-15

[개역개정] 사도행전 3:14-15

너희가 거룩하고 의로운 이를 거부하고 도리어 살인한 사람을 놓아 주기를 구하여 생명의 주를 죽였도다 그러나 하나님이 죽은 자 가운데서 그를 살리셨으니 우리가 이 일에 증인이라

Chunk by chunk! 궁금한 순서로 이해해 보세요.

여러분은 부인하고 거룩하고 의로운 분을 /

You **disowned** the **Holy** and **Righteous One** /

요구했습니다 / 살인자를 풀어달라고 여러분에게

and **asked** / that a **murderer** be **released** to you.

여러분은 죽였습니다 생명의 주관자를 /

You **killed** the **author** of **life**, /

그러나 하나님께서는 그분을 다시 살리셨습니다 죽은 자 가운데서

but **God raised** him from the **dead**.

우리가 이 일의 증인들입니다

We are **witnesses** of **this**.

Read aloud and memorize!

궁금한 순서를 느끼면서, 박자에 맞춰 큰 소리로 읽고 암송해보세요. (붉은색으로 칠해진 단어는 강하고 길게 발음합니다.)

Words note! 확신이 없는 단어를 체크한 후 쓰면서 익히세요.

- ☐ **disown** [disóun] ~을 부인하다
- ☐ **ask** [æsk] ~에게 요구하다
- ☐ **murderer** [mə́:rdərər] 살인자
- ☐ **release** [rilí:s] ~을 풀어주다, 석방하다
- ☐ **kill** [kil] 죽이다, 살해하다
- ☐ **raise** [reiz] ~을 되살아나게 하다, 되살리다
- ☐ **witness** [wítnis] 목격자, 증인

Quiet Time

Trace and write, chunk by chunk.

여러분은 부인하고 거룩하고 의로운 분을 /

You disowned the Holy and Righteous One /

요구했습니다 / 살인자를 풀어 달라고 여러분에게

and asked / that a murderer be released to you.

여러분은 죽였습니다 생명의 주관자를 /

You killed the author of life. /

그러나 하나님께서는 그분을 다시 살리셨습니다 죽은 자 가운데서

but God raised him from the dead.

우리가 이 일의 증인들입니다

We are witnesses of this.

Remember and write.

여러분은 부인하고 거룩하고 의로운 분을 /

요구했습니다 / 살인자를 풀어 달라고 여러분에게

여러분은 죽였습니다 생명의 주관자를 /

그러나 하나님께서는 그분을 다시 살리셨습니다 죽은 자 가운데서

우리가 이 일의 증인들입니다

Remember and write.

Verse Work

Look up and write.

What "murderer" had the Jews asked to be released to them?

[John 18:39-40]

Answer Key: Barabbas

43 Acts 3:16

[개역개정] 사도행전 3:16

그 이름을 믿으므로 그 이름이 너희가 보고 아는 이 사람을 성하게 하였나니 예수로 말미암아 난 믿음이 너희 모든 사람 앞에서 이같이 완전히 낫게 하였느니라

Chunk by chunk! 궁금한 순서로 이해해 보세요.

믿음으로 예수님의 이름에 대한 /
By **faith** in the **name** of **Jesus**, /

이 사람이 / 여러분이 보고 아는 /
this man / whom you **see** and **know** /

강하게 되었습니다
was **made strong**.

그것은 예수님의 이름과 /
It is **Jesus' name**

믿음입니다 / 그분을 통해서 온 /
and the **faith** / that **comes through** him /

그를 완전하게 치유한 /
that has **completely healed** him, /

여러분 모두 볼 수 있는 것처럼
as you can **all see**.

Read aloud and memorize!

궁금한 순서를 느끼면서, 박자에 맞춰 큰 소리로 읽고 암송해보세요. (붉은색으로 칠해진 단어는 강하고 길게 발음합니다.)

Words note! 확신이 없는 단어를 체크한 후 쓰면서 익히세요.

- ☐ **by faith** 믿음으로
- ☐ **in the name of …** ~의 이름으로
- ☐ **make** [meik] (어떠한 상태로) (보이게) 하다
- ☐ **strong** [strɔ:ŋ] 강한, 힘 있는
- ☐ **completely** [kəmplí:tli] 완전히
- ☐ **heal** [hi:l] 고치다, 치유하다

Quiet Time

Trace and write, chunk by chunk.

믿음으로 예수님의 이름에 대한 /

By faith in the name of Jesus, /

이 사람이 / 여러분이 보고 아는 /

this man / whom you see and know /

강하게 되었습니다

was made strong.

그것은 예수님의 이름과 /

It is Jesus' name

믿음입니다 / 그분을 통해서 온 /

and the faith / that comes through him /

그를 완전하게 치유한 /

that has completely healed him. /

여러분 모두 볼 수 있는 것처럼

as you can all see.

Remember and write.

믿음으로 예수님의 이름에 대한 /

이 사람이 / 여러분이 보고 아는 /

강하게 되었습니다

그것은 예수님의 이름과 /

믿음입니다 / 그분을 통해서 온 /

그를 완전하게 치유한 /

여러분 모두 볼 수 있는 것처럼

Remember and write.

44 Acts 3:17-18

[개역개정] 사도행전 3:17-18

형제들아 너희가 알지 못하여서 그리하였으며 너희 관리들도 그리한 줄 아노라 그러나 하나님이 모든 선지자의 입을 통하여 자기의 그리스도께서 고난 받으실 일을 미리 알게 하신 것을 이와 같이 이루셨느니라

Chunk by chunk! 궁금한 순서로 이해해 보세요.

자 동료 이스라엘인 여러분 /
"**Now**, **fellow Israelites**, /

나는 압니다 / 여러분이 행동했다는 것을 무지 속에서 /
I **know** / that you **acted** in **ignorance**, /

여러분의 지도자들이 그랬던 것처럼
as **did** your **leaders**.

그러나 이와 같이 / 하나님께서 성취하신 것입니다 그분이 예언하신 것을 /
But **this** is / **how God fulfilled what** he had **foretold** /

모든 예언자들을 통해서 /
through all the **prophets**, /

말씀하시면서 / 그분의 구세주께서 고난을 받으실 것이라고
saying / that his **Messiah** would **suffer**.

Read aloud and memorize!

궁금한 순서를 느끼면서, 박자에 맞춰 큰 소리로 읽고 암송해보세요. (붉은색으로 칠해진 단어는 강하고 길게 발음합니다.)

Words note! 확신이 없는 단어를 체크한 후 쓰면서 익히세요.

- ☐ **act** [ækt] 행동하다
- ☐ **in ignorance** 무지 속에서
- ☐ **leader** [lí:dər] 지도자
- ☐ **fulfill** [fulfíl] ~을 실현하다, 성취하다
- ☐ **fortell** [fɔrte'l] 예언하다, 예고하다
- ☐ **prophet** [prάfit] 예언자, 선지자
- ☐ **suffer** [sΛfər] ~에 시달리다, 고통받다

Quiet Time

Trace and write, chunk by chunk.

자 동료 이스라엘인 여러분 /

"Now, fellow Israelites, /

나는 압니다 / 여러분이 행동했다는 것을 무지 속에서 /

I know / that you acted in ignorance, /

여러분의 지도자들이 그랬던 것처럼

as did your leaders.

그러나 이와 같이 / 하나님께서 성취하신 것입니다 그분이 예언하신 것을 /

But this is / how God fulfilled what he had foretold /

모든 예언자들을 통해서 /

through all the prophets. /

말씀하시면서 / 그분의 구세주께서 고난을 받으실 것이라고

saying / that his Messiah would suffer.

Remember and write.

자 동료 이스라엘인 여러분 /

나는 압니다 / 여러분이 행동했다는 것을 무지 속에서 /

여러분의 지도자들이 그랬던 것처럼

그러나 이와 같이 / 하나님께서 성취하신 것입니다 그분이 예언하신 것을 /

모든 예언자들을 통해서 /

말씀하시면서 / 그분의 구세주께서 고난을 받으실 것이라고

Remember and write.

Verse Work

Answer.

1. What had the Jews done in ignorance?

____

2. Who had foretold that the Messiah would suffer?

____

Answer Key: 1. They called for the crucifixion of Jesus.
2. All the prophets

45 Acts 3:19-20

[개역개정] 사도행전 3:19-20

그러므로 너희가 회개하고 돌이켜 너희 죄 없이 함을 받으라 이같이 하면 새롭게 되는 날이 주 앞으로부터 이를 것이요 또 주께서 너희를 위하여 예정하신 그리스도 곧 예수를 보내시리니

Chunk by chunk! 궁금한 순서로 이해해 보세요.

회개하십시오 그러므로 / 그리고 하나님께 돌아오십시오 /

Repent, **then**, / and **turn** to **God**, /

여러분의 죄들이 깨끗이 씻겨지도록 /

so that your **sins** may be **wiped out**, /

그래서 상쾌하게 되는 때가 / 주님으로부터 오도록 /

that **times** of **refreshing** / may **come** from the **Lord**, /

그래서 그분께서 구세주를 보내 주시도록 /

and that he may **send** the **Messiah**, /

정해지신 여러분을 위해 /

who has been **appointed** for you — /

곧 예수님을

even Jesus.

Read aloud and memorize!

궁금한 순서를 느끼면서, 박자에 맞춰 큰 소리로 읽고 암송해보세요. (붉은색으로 칠해진 단어는 강하고 길게 발음합니다.)

Words note! 확신이 없는 단어를 체크한 후 쓰면서 익히세요.

☐ **repent** [ripént] 뉘우치다, 회개하다

☐ **turn to …** ~으로 돌아오다, 돌아서다

☐ **sin** [sin] 죄

☐ **wipe out** 깨끗이 씻다, 닦아내다

☐ **time** [taim] (종종 times) 시기, 때

☐ **refresh** [rifréʃ] 원기를 회복하다

☐ **send** [send] ~를 보내다

☐ **appoint** [əpɔ́int] (문어) (하늘이, 신이) ~을 명하다, 정하다

☐ **even** [íːvən] 곧, 즉 (that is)

Trace and write, chunk by chunk.

회개하십시오 그러므로 / 그리고 하나님께 돌아오십시오 /

Repent, then, / and turn to God, /

여러분의 죄들이 깨끗이 씻겨지도록 /

so that your sins may be wiped out, /

그래서 상쾌하게 되는 때가 / 주님으로부터 오도록 /

that times of refreshing / may come from the Lord, /

그래서 그분께서 구세주를 보내 주시도록 /

and that he may send the Messiah, /

정해지신 여러분을 위해 /

who has been appointed for you — /

곧 예수님을

even Jesus.

Remember and write.

회개하십시오 그러므로 / 그리고 하나님께 돌아오십시오 /

여러분의 죄들이 깨끗이 씻겨지도록 /

그래서 상쾌하게 되는 때가 / 주님으로부터 오도록 /

그래서 그분께서 구세주를 보내 주시도록 /

정해지신 여러분을 위해 /

곧 예수님을

Remember and write.

Verse Work

Circle.

Repent, then, and turn to God, so that your sins may be 1. wiped out, that times of refreshing may come from the Lord, and that he may send the Messiah, who has been 2. appointed for you — even Jesus.

1. The underlined phrase means ______________.

   A. added up

   B. blotted out

   C. narrowed down

2. The underlined word can be replaced by _________.

   A. praised

   B. dismissed

   C. chosen

Answer Key: 1. B 2. C

46 Acts 3:21

[개역개정] 사도행전 3:21

하나님이 영원 전부터 거룩한 선지자들의 입을 통하여 말씀하신 바 만물을 회복하실 때까지는 하늘이 마땅히 그를 받아 두리라

Chunk by chunk! 궁금한 순서로 이해해 보세요.

하늘은 그분을 반드시 받아들여야 합니다 /

Heaven must receive him /

때가 올 때까지 /

until the **time comes** /

하나님께서 모든 것을 회복하시는 /

for **God** to **restore everything**, /

그분께서 약속하신대로 오래 전에 /

as he **promised long ago** /

그분의 거룩한 예언자들을 통해서 /

through his **holy prophets**.

Read aloud and memorize!

궁금한 순서를 느끼면서, 박자에 맞춰 큰 소리로 읽고 암송해보세요. (붉은색으로 칠해진 단어는 강하고 길게 발음합니다.)

Words note! 확신이 없는 단어를 체크한 후 쓰면서 익히세요.

- ☐ **receive** [risí:v] ~을 받아들이다, 영접하다
- ☐ **restore** [ristɔ́:r] 회복하다
- ☐ **promise** [prámis] ~을 약속하다
- ☐ **long ago** 옛날에, 오래 전에
- ☐ **holy** [hóuli] 거룩한
- ☐ **prophet** [práfit] 예언자, 선지자

Quiet Time

Trace and write, chunk by chunk.

하늘은 그분을 반드시 받아들여야 합니다 /

Heaven must receive him /

때가 올 때까지 /

until the time comes /

하나님께서 모든 것을 회복하시는 /

for God to restore everything. /

그분께서 약속하신대로 오래 전에 /

as he promised long ago /

그분의 거룩한 예언자들을 통해서 /

through his holy prophets.

Remember and write.

하늘은 그분을 반드시 받아들여야 합니다 /

때가 올 때까지 /

하나님께서 모든 것을 회복하시는 /

그분께서 약속하신대로 오래 전에 /

그분의 거룩한 예언자들을 통해서 /

Remember and write.

Verse Work

Answer.

What did Peter say about Jesus?

Answer Key: He said that Jesus would be in heaven until his second coming.

47 Acts 3:22-23

[개역개정] 사도행전 3:22-23

모세가 말하되 주 하나님이 너희를 위하여 너희 형제 가운데서 나 같은 선지자 하나를 세울 것이니 너희가 무엇이든지 그의 모든 말을 들을 것이라 누구든지 그 선지자의 말을 듣지 아니하는 자는 백성 중에서 멸망 받으리라 하였고

Chunk by chunk! 궁금한 순서로 이해해 보세요.

왜냐하면 모세가 말했기 때문입니다 /
For **Moses said**, /

'주 여러분의 하나님께서 일으키실 것입니다 여러분을 위해 /
'The **Lord** your **God** will **raise up** for you /

나 같은 예언자를 / 여러분의 동족 가운데서 /
a **prophet** like me / from **among** your **own people**; /

여러분은 모든 것을 들어야 합니다 / 그가 여러분에게 말하는
you **must listen** to **everything** / he **tells** you.

사람은 / 그의 말을 듣지 않는 /
Anyone / who does **not listen** to him /

완전히 베어버려질 것입니다 그들의 백성 가운데서' 라고
will be **completely cut off** from their **people**.'

Read aloud and memorize!

궁금한 순서를 느끼면서, 박자에 맞춰 큰 소리로 읽고 암송해보세요. (붉은색으로 칠해진 단어는 강하고 길게 발음합니다.)

Words note! 확신이 없는 단어를 체크한 후 쓰면서 익히세요.

- ☐ **raise … up** ~을 일으키다
- ☐ **prophet** [prάfit] 예언자, 선지자
- ☐ **own people** 동족, 민족
- ☐ **listen to …** ~을 듣다, ~에 귀를 기울이다
- ☐ **completely** [kəmplí:tli] 완전히
- ☐ **cut off from …** ~에서 베어버리다

Quiet Time

Trace and write, chunk by chunk.

왜냐하면 모세가 말했기 때문입니다 /

For Moses said, /

'주 여러분의 하나님께서 일으키실 것입니다 여러분을 위해 /

'The Lord your God will raise up for you /

나 같은 예언자를 / 여러분의 동족 가운데서 /

a prophet like me / from among your own people; /

여러분은 모든 것을 들어야 합니다 / 그가 여러분에게 말하는

you must listen to everything / he tells you.

사람은 / 그의 말을 듣지 않는 /

Anyone / who does not listen to him /

완전히 베어버려질 것입니다 그들의 백성 가운데서' 라고

will be completely cut off from their people.'

Remember and write.

왜냐하면 모세가 말했기 때문입니다 /

‘주 여러분의 하나님께서 일으키실 것입니다 여러분을 위해 /

나 같은 예언자를 / 여러분의 동족 가운데서 /

여러분은 모든 것을 들어야 합니다 / 그가 여러분에게 말하는

사람은 / 그의 말을 듣지 않는 /

완전히 베어버려질 것입니다 그들의 백성 가운데서’ 라고

Remember and write.

Verse Work

Look up and write.

Which Old Testament passage did Peter refer to in Acts 3:22-23?

[Deuteronomy 18:15]

____

____

____

[Deuteronomy 18:19]

____

____

____

Answer Key: [Deuteronomy 18:15] The LORD your God will raise up for you a prophet like me from among you, from your fellow Israelites. You must listen to him. [Deuteronomy 18:19] I myself will call to account anyone who does not listen to my words that the prophet speaks in my name.

48 Acts 3:24-25A

[개역개정] 사도행전 3:24-25A

또한 사무엘 때부터 이어 말한 모든 선지자도 이 때를 가리켜 말하였느니라 너희는 선지자들의 자손이요 또 하나님이 너희 조상과 더불어 세우신 언약의 자손이라

Chunk by chunk! 궁금한 순서로 이해해 보세요.

참으로 /
"**Indeed**, /

사무엘을 비롯하여 /
beginning with **Samuel**, /

모든 예언자들은 / 말한 /
all the **prophets** / who have **spoken** /

이 날들을 예언했습니다
have **foretold these days**.

그리고 여러분이 예언자들의 상속자들이며 /
And you are **heirs** of the **prophets** /

언약의 상속자들입니다 / 하나님께서 만드셨던 여러분의 조상들과
and of the **covenant** / **God made** with your **fathers**.

Read aloud and memorize!

궁금한 순서를 느끼면서, 박자에 맞춰 큰 소리로 읽고 암송해보세요. (붉은색으로 칠해진 단어는 강하고 길게 발음합니다.)

Words note! 확신이 없는 단어를 체크한 후 쓰면서 익히세요.

- ☐ **begin with …** ~에서 시작하다, ~을 비롯하다
- ☐ **prophet** [práfit] 예언자, 선지자
- ☐ **speak** [spi:k] 말하다
- ☐ **fortell** [fɔrte'l] 예언하다, 예고하다
- ☐ **heir** [ɛər] 상속자, 후계자
- ☐ **covenant** [kʌvənənt] 약속, 계약, 언약
- ☐ **father** [fá:ðər] (보통 the one's fathers) (문어) 조상, 선조

Quiet Time

Trace and write, chunk by chunk.

참으로 /

"Indeed, /

사무엘을 비롯하여 /

beginning with Samuel, /

모든 예언자들은 / 말한 /

all the prophets / who have spoken /

이 날들을 예언했습니다

have foretold these days.

그리고 여러분이 예언자들의 상속자들이며 /

And you are heirs of the prophets /

언약의 상속자들입니다 / 하나님께서 만드셨던 여러분의 조상들과

and of the covenant / God made with your fathers.

Remember and write.

참으로 /

사무엘을 비롯하여 /

모든 예언자들은 / 말한 /

이 날들을 예언했습니다

그리고 여러분이 예언자들의 상속자들이며 /

언약의 상속자들입니다 / 하나님께서 만드셨던 여러분의 조상들과

Remember and write.

49 Acts 3:25B-26

[개역개정] 사도행전 3:25B-26

아브라함에게 이르시기를 땅 위의 모든 족속이 너의 씨로 말미암아 복을 받으리라 하셨으니 하나님이 그 종을 세워 복 주시려고 너희에게 먼저 보내사 너희로 하여금 돌이켜 각각 그 악함을 버리게 하셨느니라

Chunk by chunk! 궁금한 순서로 이해해 보세요.

그분께서 아브라함에게 말씀하셨습니다 /

He **said** to **Abraham**, /

'너희 자손을 통해서 /

'**Through** your **offspring** /

땅의 모든 족속이 축복을 받을 것이다' 라고

all peoples on **earth** will be **blessed**.'

하나님께서 그분의 종을 일으키셨을 때 /

When **God raised up** his **servant**, /

그분께서 그분을 보내셨습니다 먼저 여러분에게 / 여러분을 축복하기 위해서 /

he **sent** him **first** to you / to **bless** you /

여러분 각 사람을 돌아서게 하여 / 여러분의 악한 길에서

by **turning each** of you / from your **wicked ways**."

Read aloud and memorize!

궁금한 순서를 느끼면서, 박자에 맞춰 큰 소리로 읽고 암송해보세요. (붉은색으로 칠해진 단어는 강하고 길게 발음합니다.)

Words note! 확신이 없는 단어를 체크한 후 쓰면서 익히세요.

- ☐ **offspring** [ɔ'fspriˌŋ] 자손, 후손
- ☐ **people** [pí:pl] (주로 복수형 peoples 사용) 민족, 종족, 족속
- ☐ **on earth** 땅에, 지상에
- ☐ **bless** [bles] ~을 축복하다
- ☐ **raise … up** ~을 일으키다
- ☐ **send** [send] ~를 보내다
- ☐ **turn … from …** ~을 ~에서 돌리다
- ☐ **wicked** [wíkid] 악한, 부도덕한
- ☐ **way** [wei] 길

Trace and write, chunk by chunk.

그분께서 아브라함에게 말씀하셨습니다 /

He said to Abraham, /

'너희 자손을 통해서 /

'Through your offspring /

땅의 모든 족속이 축복을 받을 것이다' 라고

all peoples on earth will be blessed.'

하나님께서 그분의 종을 일으키셨을 때 /

When God raised up his servant, /

그분께서 그분을 보내셨습니다 먼저 여러분에게 / 여러분을 축복하기 위해서 /

he sent him first to you / to bless you /

여러분 각 사람을 돌아서게 하여 / 여러분의 악한 길에서

by turning each of you / from your wicked ways."

Remember and write.

그분께서 아브라함에게 말씀하셨습니다 /

'너희 자손을 통해서 /

땅의 모든 족속이 축복을 받을 것이다' 라고

하나님께서 그분의 종을 일으키셨을 때 /

그분께서 그분을 보내셨습니다 먼저 여러분에게 / 여러분을 축복하기 위해서 /

여러분 각 사람을 돌아서게 하여 / 여러분의 악한 길에서

Remember and write.

이어서 말해보기 07

Acts 3:11-26

Let's read with stress and rhythm!

궁금한 순서에 따라, 강세와 박자에 맞춰, 큰 소리로 읽어 보세요. (그러면 영어가 뚫립니다.)
붉은색으로 칠해진 단어는 강하고 길게 발음합니다.

Peter Speaks to the Onlookers

11 **While** the **man held on** to **Peter** and **John**,
all the **people** were **astonished**
and **came running** to them
in the **place called Solomon's Colonnade**.
12 When **Peter saw this**, he **said** to them:
"**Fellow Israelites**,
why does **this surprise** you?
Why do you **stare** at us
as **if** by our **own power** or **godliness**
we had **made this man walk**?
13 The **God** of **Abraham**, **Isaac** and **Jacob**,
the **God** of our **fathers**,

has **glorified** his **servant Jesus**.

You **handed** him **over** to be **killed**,

and you **disowned** him **before Pilate**,

though he had **decided** to **let** him **go**.

14 You **disowned** the **Holy** and **Righteous One**

and **asked** that a **murderer** be **released** to you.

15 You **killed** the **author** of **life**,

but **God raised** him from the **dead**.

We are **witnesses** of **this**.

16 By **faith** in the **name** of **Jesus**,

this man whom you **see** and **know** was **made strong**.

It is **Jesus' name**

and the **faith** that **comes through** him

that has **completely healed** him,

as you can **all see**.

17 "**Now**, **fellow Israelites**,

I **know** that you **acted** in **ignorance**,

as **did** your **leaders**.

18 But **this** is how **God fulfilled**

what he had **foretold through all** the **prophets**,

saying that his **Messiah** would **suffer**.

19 **Repent**, **then**, and **turn** to **God**,

so that your **sins** may be **wiped out**,

that **times** of **refreshing** may **come** from the **Lord**,

20 and that he may **send** the **Messiah**,

who has been **appointed** for you —

even Jesus.

21 **Heaven must receive** him

until the **time comes** for **God** to **restore everything**,

as he **promised long ago through** his **holy prophets**.

22 For **Moses said**,

'The **Lord** your **God** will **raise up** for you

a **prophet** like me from **among** your **own people**;

you **must listen** to **everything** he **tells** you.

23 **Anyone** who does **not listen** to him

will be **completely cut off** from their **people**.'

24 "**Indeed**, **beginning** with **Samuel**,

all the **prophets** who have **spoken** have **foretold these days**.

25 And you are **heirs** of the **prophets**

and of the **covenant God made** with your **fathers**.

He **said** to **Abraham**,

'**Through** your **offspring**

all peoples on **earth** will be **blessed**.'

26 When **God raised up** his **servant**,

he **sent** him **first** to you to **bless** you

by **turning each** of you from your **wicked ways**."

MEMO

08

Peter and John Before the Sanhedrin

50 Acts 4:1-2

[개역개정] 사도행전 4:1-2

사도들이 백성에게 말할 때에 제사장들과 성전 맡은 자와 사두개인들이 이르러 예수 안에 죽은 자의 부활이 있다고 백성을 가르치고 전함을 싫어하여

Chunk by chunk! 궁금한 순서로 이해해 보세요.

Peter and John Before the Sanhedrin

(산헤드린 앞에 선 베드로와 요한)

제사장들과 /

The **priests** /

성전 경비대장과 / 사두개 사람들이 /

and the **captain** of the **temple guard** / and the **Sadducees** /

다가 왔습니다 베드로와 요한에게 /

came up to **Peter** and **John** /

그들이 말하고 있을 때 사람들에게

while they were **speaking** to the **people**.

그들은 몹시 불안해했습니다 /

They were **greatly disturbed** /

왜냐하면 사도들이 사람들을 가르치고 있었기 때문입니다 /

because the **apostles** were **teaching** the **people**, /

선포하면서 예수님을 통하여 / 죽은 자들의 부활을

proclaiming in **Jesus** / the **resurrection** of the **dead**.

Read aloud and memorize!

궁금한 순서를 느끼면서, 박자에 맞춰 큰 소리로 읽고 암송해보세요. (붉은색으로 칠해진 단어는 강하고 길게 발음합니다.)

Words note! 확신이 없는 단어를 체크한 후 쓰면서 익히세요.

☐ **Sanhedrin** [sænhédrin | sǽnid- | -rim] 산헤드린, 공회 (公會)

☐ **priest** [pri:st] 제사장

☐ **Sadducee** [sǽdʒəsì:] 사두개(파) 사람

☐ **speak** [spi:k] 말하다

☐ **disturbed** [distə́:rbd] 매우 불안해하는

☐ **apostle** [əpásl] 사도

☐ **teach** [ti:ʧ] 가르치다

☐ **proclaim** [proukléim] ~을 선포하다

☐ **resurrection** [rèzərékʃən] 부활

Trace and write, chunk by chunk.

산헤드린 앞에 선 베드로와 요한

Peter and John Before the Sanhedrin

제사장들과 /

The priests /

성전 경비대장과 / 사두개 사람들이 /

and the captain of the temple guard / and the Saddducees /

다가 왔습니다 베드로와 요한에게 /

came up to Peter and John /

그들이 말하고 있을 때 사람들에게

while they were speaking to the people.

그들은 몹시 불안해했습니다 /

They were greatly disturbed /

왜냐하면 사도들이 사람들을 가르치고 있었기 때문입니다 /

because the apostles were teaching the people. /

선포하면서 예수님을 통하여 / 죽은 자들의 부활을

proclaiming in Jesus / the resurrection of the dead.

Remember and write.

산헤드린 앞에 선 베드로와 요한

제사장들과 /

성전 경비대장과 / 사두개 사람들이 /

다가 왔습니다 베드로와 요한에게 /

그들이 말하고 있을 때 사람들에게

그들은 몹시 불안해했습니다 /

왜냐하면 사도들이 사람들을 가르치고 있었기 때문입니다 /

선포하면서 예수님을 통하여 / 죽은 자들의 부활을

Remember and write.

51 Acts 4:3-4

[개역개정] 사도행전 4:3-4

그들을 잡으매 날이 이미 저물었으므로 이튿날까지 가두었으나 말씀을 들은 사람 중에 믿는 자가 많으니 남자의 수가 약 오천이나 되었더라

Chunk by chunk! 궁금한 순서로 이해해 보세요.

그들은 베드로와 요한을 잡았습니다 /
They **seized Peter** and **John** /

그리고 저녁이었기 때문에 /
and, **because** it was **evening**, /

그들은 그들을 감옥에 가두었습니다 / 다음 날까지
they **put** them in **jail** / **until** the **next day**.

그러나 많은 사람들이 / 메시지를 들은 / 믿었습니다 /
But **many** / who **heard** the **message** / **believed**; /

그래서 남자들의 수가 / 믿는 /
so the **number** of **men** / who **believed** /

약 오천 명으로 늘어났습니다
grew to **about five thousand**.

Read aloud and memorize!

궁금한 순서를 느끼면서, 박자에 맞춰 큰 소리로 읽고 암송해보세요. (붉은색으로 칠해진 단어는 강하고 길게 발음합니다.)

Words note! 확신이 없는 단어를 체크한 후 쓰면서 익히세요.

- ☐ **seize** [si:z] (범인 등을) 잡다, 체포하다
- ☐ **put … in jail** ~을 감옥에 가두다, 투옥시키다
- ☐ **many** [méni] 여럿 (많은 수의 사람이나 물건)
- ☐ **hear** [hiər] ~를 듣다
- ☐ **believe** [bilí:v, bə-] (~을) 믿다
- ☐ **men** [men] 남자들 (man의 복수형)
- ☐ **grow to …** ~으로 늘어나다, 증가하다

Quiet Time

Trace and write, chunk by chunk.

그들은 베드로와 요한을 잡았습니다 /

They seized Peter and John /

그리고 저녁이었기 때문에 /

and, because it was evening, /

그들은 그들을 감옥에 가두었습니다 / 다음 날까지

they put them in jail / until the next day.

그러나 많은 사람들이 / 메시지를 들은 / 믿었습니다 /

But many / who heard the message / believed; /

그래서 남자들의 수가 / 믿는 /

so the number of men / who believed /

약 오천 명으로 늘어났습니다

grew to about five thousand.

Remember and write.

그들은 베드로와 요한을 잡았습니다 /

그리고 저녁이었기 때문에 /

그들은 그들을 감옥에 가두었습니다 / 다음 날까지

그러나 많은 사람들이 / 메시지를 들은 / 믿었습니다 /

그래서 남자들의 수가 / 믿는 /

약 오천 명으로 늘어났습니다

Remember and write.

Verse Work

Answer.

What happened to Peter and John?

Answer Key: They seized Peter and John and put them in jail until the next day.

52 Acts 4:5-7

[개역개정] 사도행전 4:5-7

이튿날 관리들과 장로들과 서기관들이 예루살렘에 모였는데 대제사장 안나스와 가야바와 요한과 알렉산더와 및 대제사장의 문중이 다 참여하여 사도들을 가운데 세우고 묻되 너희가 무슨 권세와 누구의 이름으로 이 일을 행하였느냐

Chunk by chunk! 궁금한 순서로 이해해 보세요.

그 다음 날 /
The **next day** /

통치자들 / 장로들 / 그리고 율법 교사들이 /
the **rulers**, / the **elders** / and the **teachers** of the **law** /

모였습니다 예루살렘에
met in **Jerusalem**.

대제사장 안나스가 거기에 있었습니다 /
Annas the **high priest** was **there**, /

그리고 있었습니다 가야바 요한 알렉산더 /
and **so** were **Caiaphas**, **John**, **Alexander** /

그리고 대제사장의 가문에 속한 다른 사람들도
and **others** of the **high priest's family**.

그들은 베드로와 요한을 데려다 놓고 / 그들 앞에 /
They **had Peter** and **John brought** / **before** them /

시작했습니다 그들에게 질문하기
and **began** to **question** them:

무슨 권한으로 / 혹은 어떤 이름으로 /
"By **what power** / or **what name** /

당신들은 이런 일을 했소
did you **do this**?"

Read aloud and memorize!

궁금한 순서를 느끼면서, 박자에 맞춰 큰 소리로 읽고 암송해보세요. (붉은색으로 칠해진 단어는 강하고 길게 발음합니다.)

Words note! 확신이 없는 단어를 체크한 후 쓰면서 익히세요.

- ☐ **ruler** [rú:lər] 통치자, 지배자
- ☐ **elder** [éldər] (종종 Elder) 장로
- ☐ **meet** [mi:t] (사람 등이) 모이다, 회합하다

☐ **bring** [briŋ] ~을 데려가다 (오다)

☐ **family** [fǽməli] 가족; 가문(家門)

☐ **begin** [bigín] ~을 시작하다

☐ **question** [kwéstʃən] ~에 질문하다, ~을 심문하다

☐ **do** [du, də; (강) du:] ~을 하다, 행하다

Quiet Time

Trace and write, chunk by chunk.

그 다음 날 /

The next day /

통치자들 / 장로들 / 그리고 율법 교사들이 /

the rulers, / the elders / and the teachers of the law /

모였습니다 예루살렘에

met in Jerusalem.

대제사장 안나스가 거기에 있었습니다 /

Annas the high priest was there, /

그리고 있었습니다 가야바 요한 알렉산더 /

and so were Caiaphas, John, Alexander /

그리고 대제사장의 가문에 속한 다른 사람들도

and others of the high priest's family.

그들은 베드로와 요한을 데려다 놓고 / 그들 앞에 /

They had Peter and John brought / before them /

시작했습니다 그들에게 질문하기

and began to question them:

무슨 권한으로 / 혹은 어떤 이름으로 /

"By what power / or what name /

당신들은 이런 일을 했소

did you do this?"

Remember and write.

그 다음 날 /

통치자들 / 장로들 / 그리고 율법 교사들이 /

모였습니다 예루살렘에

대제사장 안나스가 거기에 있었습니다 /

그리고 있었습니다 가야바 요한 알렉산더 /

그리고 대제사장의 가문에 속한 다른 사람들도

그들은 베드로와 요한을 데려다 놓고 / 그들 앞에 /

시작했습니다 그들에게 질문하기

무슨 권한으로 / 혹은 어떤 이름으로 /

당신들은 이런 일을 했소

Remember and write.

53 Acts 4:8-10A

[개역개정] 사도행전 4:8-10A

이에 베드로가 성령이 충만하여 이르되 백성의 관리들과 장로들아 만일 병자에게 행한 착한 일에 대하여 이 사람이 어떻게 구원을 받았느냐고 오늘 우리에게 질문한다면 너희와 모든 이스라엘 백성들은 알라

Chunk by chunk! 궁금한 순서로 이해해 보세요.

그러자 베드로가 / 성령으로 충만한 / 그들에게 말했습니다

Then Peter, / **filled** with the **Holy Spirit**, / **said** to them:

백성의 통치자들과 장로들이여

"**Rulers** and **elders** of the **people**!

만일 우리가 요청을 받고 / 설명하도록 오늘 /

If we are being **called** / to **account today** /

친절한 행동에 대하여 / 사람에게 보여준 / 절음발이였던 /

for an **act** of **kindness** / **shown** to a **man** / who was **lame** /

질문을 받는 것이라면 / 어떻게 그가 치유되었는지 /

and are being **asked** / **how** he was **healed**, /

그렇다면 이것을 알아야 합니다 / 여러분과 모든 이스라엘 사람들이여

then know this, / you and **all** the **people** of **Israel**:

Read aloud and memorize!

궁금한 순서를 느끼면서, 박자에 맞춰 큰 소리로 읽고 암송해보세요. (붉은색으로 칠해진 단어는 강하고 길게 발음합니다.)

Words note! 확신이 없는 단어를 체크한 후 쓰면서 익히세요.

- ☐ **fill with …** ~로 가득 차게 하다, 충만하다
- ☐ **call** [kɔːl] 요청하다
- ☐ **account for …** ~에 대해 설명하다
- ☐ **act** [ækt] 행동, 행위
- ☐ **kindness** [káindnis] 친절
- ☐ **show** [ʃou] ~을 보여주다
- ☐ **lame** [leim] 절음발이의
- ☐ **ask** [æsk] ~을 묻다, 물어보다, 질문하다
- ☐ **heal** [hiːl] 고치다, 치유하다

Trace and write, chunk by chunk.

그러자 베드로가 / 성령으로 충만한 / 그들에게 말했습니다

Then Peter, / filled with the Holy Spirit, / said to them:

백성의 통치자들과 장로들이여

"Rulers and elders of the people!

만일 우리가 요청을 받고 / 설명하도록 오늘 /

If we are being called / to account today /

친절한 행동에 대하여 / 사람에게 보여준 / 절음발이였던 /

for an act of kindness / shown to a man / who was lame /

질문을 받는 것이라면 / 어떻게 그가 치유되었는지 /

and are being asked / how he was healed. /

그렇다면 이것을 알아야 합니다 / 여러분과 모든 이스라엘 사람들이여

then know this, / you and all the people of Israel:

Remember and write.

그러자 베드로가 / 성령으로 충만한 / 그들에게 말했습니다

백성의 통치자들과 장로들이여

만일 우리가 요청을 받고 / 설명하도록 오늘 /

친절한 행동에 대하여 / 사람에게 보여준 / 절음발이였던 /

질문을 받는 것이라면 / 어떻게 그가 치유되었는지 /

그렇다면 이것을 알아야 합니다 / 여러분과 모든 이스라엘 사람들이여

Remember and write.

54 Acts 4:10B

[개역개정] 사도행전 4:10B

너희가 십자가에 못 박고 하나님이 죽은 자 가운데서 살리신 나사렛 예수 그리스도의 이름으로 이 사람이 건강하게 되어 너희 앞에 섰느니라

Chunk by chunk! 궁금한 순서로 이해해 보세요.

그것은 나사렛 예수 그리스도의 이름에 의한 것입니다 /

It is by the **name** of **Jesus Christ** of **Nazareth**, /

여러분이 십자가에 못박아 죽였지만 /

whom you **crucified** /

하나님께서 다시 살리신 죽은 자 가운데서 /

but whom **God raised** from the **dead**, /

이 사람이 서 있는 것은 여러분 앞에 고침을 받아

that **this man stands before** you **healed**.

Read aloud and memorize!

궁금한 순서를 느끼면서, 박자에 맞춰 큰 소리로 읽고 암송해보세요. (붉은색으로 칠해진 단어는 강하고 길게 발음합니다.)

Words note! 확신이 없는 단어를 체크한 후 쓰면서 익히세요.

- ☐ **by the name …** ~의 이름에 의해서
- ☐ **crucify** [krú:səfài] 십자가에 못박다
- ☐ **raise** [reiz] ~을 되살아나게 하다, 되살리다
- ☐ **stand** [stænd] 서다, 서 있다
- ☐ **heal** [hi:l] 고치다, 치유하다

Quiet Time

Trace and write, chunk by chunk.

그것은 나사렛 예수 그리스도의 이름에 의한 것입니다 /

It is by the name of Jesus Christ of Nazareth, /

여러분이 십자가에 못박아 죽였지만 /

whom you crucified /

하나님께서 다시 살리신 죽은 자 가운데서 /

but whom God raised from the dead, /

이 사람이 서 있는 것은 여러분 앞에 고침을 받아

that this man stands before you healed.

Remember and write.

그것은 나사렛 예수 그리스도의 이름에 의한 것입니다 /

여러분이 십자가에 못박아 죽였지만 /

하나님께서 다시 살리신 죽은 자 가운데서 /

이 사람이 서 있는 것은 여러분 앞에 고침을 받아

Remember and write.

55 Acts 4:11-12

[개역개정] 사도행전 4:11-12

이 예수는 너희 건축자들의 버린 돌로서 집 모퉁이의 머릿돌이 되었느니라 다른 이로써는 구원을 받을 수 없나니 천하 사람 중에 구원을 받을 만한 다른 이름을 우리에게 주신 일이 없음이라 하였더라

Chunk by chunk! 궁금한 순서로 이해해 보세요.

예수님은 '돌이지만 / 여러분 건축자들이 버린 /

Jesus is "'the **stone** / you **builders rejected**, /

모퉁잇돌이 되셨습니다'

which has **become** the **cornerstone**.'

구원은 없습니다 / 다른 사람 안에도 /

Salvation is **found** / in **no one else**, /

왜냐하면 다른 어떤 이름이 없기 때문입니다 / 하늘 아래 /

for there is **no other name** / **under heaven** /

사람들에게 주어진 / 그것에 의해 우리가 구원을 받아야 할

given to **mankind** / by **which** we **must** be **saved**."

Read aloud and memorize!

궁금한 순서를 느끼면서, 박자에 맞춰 큰 소리로 읽고 암송해보세요. (붉은색으로 칠해진 단어는 강하고 길게 발음합니다.)

Words note! 확신이 없는 단어를 체크한 후 쓰면서 익히세요.

- ☐ **stone** [stoun] 돌
- ☐ **reject** [ridʒékt] 거절하다, 버리다
- ☐ **become** [bikʌm] ~이 되다
- ☐ **cornerstone** [kɔ'rnərstouˌn] (건물의) 모퉁잇돌, 주춧돌, 초석
- ☐ **salvation** [sælvéiʃən] 구원
- ☐ **find** [faind] 발견하다; (보통 수동태) ~에 있다
- ☐ **mankind** [mæ'nkai'nd] 모든 인간, 사람들

Quiet Time

Trace and write, chunk by chunk.

예수님은 '돌이지만 / 여러분 건축자들이 버린 /

Jesus is "'the stone / you builders rejected, /

모퉁잇돌이 되셨습니다'

which has become the cornerstone.'

구원은 없습니다 / 다른 사람 안에도 /

Salvation is found / in no one else, /

왜냐하면 다른 어떤 이름이 없기 때문입니다 / 하늘 아래 /

for there is no other name / under heaven /

사람들에게 주어진 / 그것에 의해 우리가 구원을 받아야 할

given to mankind / by which we must be saved."

Remember and write.

예수님은 '돌이지만 / 여러분 건축자들이 버린 /

모퉁잇돌이 되셨습니다'

구원은 없습니다 / 다른 사람 안에도 /

왜냐하면 다른 어떤 이름이 없기 때문입니다 / 하늘 아래 /

사람들에게 주어진 / 그것에 의해 우리가 구원을 받아야 할

Remember and write.

Verse Work

Answer.

1. Who is the stone which has become the cornerstone?

____

2. Who are the builders?

____

[Challenge]

Why did the builders reject the cornerstone?

____

____

Answer Key: 1. Jesus
2. The religious leaders and teachers of the law

56 Acts 4:13-14

[개역개정] 사도행전 4:13-14

그들이 베드로와 요한이 담대하게 말함을 보고 그들을 본래 학문 없는 범인으로 알았다가 이상히 여기며 또 전에 예수와 함께 있던 줄도 알고 또 병 나은 사람이 그들과 함께 서 있는 것을 보고 비난할 말이 없는지라

Chunk by chunk! 궁금한 순서로 이해해 보세요.

그들이 보고 베드로와 요한의 용기를 /
When they **saw** the **courage** of **Peter** and **John** /

깨달았을 때 / 그들이 교육을 받지 않은 평범한 사람들임을 /
and **realized** / that they were **unschooled**, **ordinary men**, /

그들은 놀랐습니다 /
they were **astonished** /

그리고 그들은 주목했습니다 / 이 사람들이 예수님과 함께 있었다는 것을
and they **took note** / that **these men** had **been** with **Jesus**.

그러나 그들이 사람을 볼 수 있었기 때문에 / 고침을 받은 /
But **since** they could **see** the **man** / who had been **healed** /

거기에 서 있는 그들과 함께 /
standing there with them, /

없었습니다 / 그들이 할 수 있는 말은
there was **nothing** / they could **say**.

Read aloud and memorize!

궁금한 순서를 느끼면서, 박자에 맞춰 큰 소리로 읽고 암송해보세요. (붉은색으로 칠해진 단어는 강하고 길게 발음합니다.)

Words note! 확신이 없는 단어를 체크한 후 쓰면서 익히세요.

- ☐ **courage** [kə́:ridʒ] 용기, 용감함
- ☐ **realize** [rí:əlàiz] ~을 깨닫다
- ☐ **unschooled** [ʌnsku:ld] 교육받지 않은, 훈련을 받지 않은
- ☐ **ordinary** [ɔ́:rdənèri] 보통 정도의, 평범한
- ☐ **astonished** [əstániʃt] 깜짝 놀란
- ☐ **take note** ~을 주목하다
- ☐ **heal** [hi:l] 고치다, 치유하다

Quiet Time

Trace and write, chunk by chunk.

그들이 보고 베드로와 요한의 용기를 /

When they saw the courage of Peter and John /

깨달았을 때 / 그들이 교육을 받지 않은 평범한 사람들임을 /

and realized / that they were unschooled, ordinary men, /

그들은 놀랐습니다 /

they were astonished /

그리고 그들은 주목했습니다 / 이 사람들이 예수님과 함께 있었다는 것을

and they took note / that these men had been with Jesus.

그러나 그들이 사람을 볼 수 있었기 때문에 / 고침을 받은 /

But since they could see the man / who had been healed /

거기에 서 있는 그들과 함께 /

standing there with them, /

없었습니다 / 그들이 할 수 있는 말은

there was nothing / they could say.

Remember and write.

그들이 보고 베드로와 요한의 용기를 /

깨달았을 때 / 그들이 교육을 받지 않은 평범한 사람들임을 /

그들은 놀랐습니다 /

그리고 그들은 주목했습니다 / 이 사람들이 예수님과 함께 있었다는 것을

그러나 그들이 사람을 볼 수 있었기 때문에 / 고침을 받은 /

거기에 서 있는 그들과 함께 /

없었습니다 / 그들이 할 수 있는 말은

Remember and write.

57 Acts 4:15-17

[개역개정] 사도행전 4:15-17

명하여 공회에서 나라가 하고 서로 의논하여 이르되 이 사람들을 어떻게 할까 그들로 말미암아 유명한 표적 나타난 것이 예루살렘에 사는 모든 사람에게 알려졌으니 우리도 부인할 수 없는지라 이것이 민간에 더 퍼지지 못하게 그들을 위협하여 이후에는 이 이름으로 아무에게도 말하지 말게 하자 하고

Chunk by chunk! 궁금한 순서로 이해해 보세요.

그래서 그들은 그들에게 명령했습니다 /
So they **ordered** them /

산헤드린에서 물러가라고 /
to **withdraw** from the **Sanhedrin** /

그러고 나서 서로 상의했습니다
and **then conferred together**.

우리가 어떻게 했으면 좋겠습니까 이 사람들을 / 그들은 물었습니다
"**What** are we **going** to **do** with **these men**?" / they **asked**.

모든 사람이 예루살렘에 살고 있는 알고 있습니다 /
"**Everyone living** in **Jerusalem knows** /

그들이 행한 것을 주목할 만한 표적을 /
they have **performed** a **notable sign**, /

그래서 우리는 그것을 부인할 수 없습니다
and we **cannot deny** it.

그러나 이 일을 막기 위해서 /
But to **stop this thing** /

더 이상 멀리 퍼지는 것으로부터 / 사람들 가운데 /
from **spreading any further** / **among** the **people**, /

우리는 그들에게 경고해야 합니다 /
we **must warn** them /

더 이상 말하지 않도록 아무에게도 / 이 이름으로
to **speak no longer** to **anyone** / in **this name.**"

Read aloud and memorize!

궁금한 순서를 느끼면서, 박자에 맞춰 큰 소리로 읽고 암송해보세요. (붉은색으로 칠해진 단어는 강하고 길게 발음합니다.)

Words note! 확신이 없는 단어를 체크한 후 쓰면서 익히세요.

- ☐ **order** [ɔ́:rdər] ~에게 명령하다, 지시하다
- ☐ **withdraw** [wiðdrɔ́: wiθ-] ~에서부터 물러가다, 물러나다
- ☐ **confer** [kənfə́:r] 상의하다, 의논하다

☐ **perform** [pərfɔ́:rm] ~을 행하다, 수행하다

☐ **notable** [nóutəbl] 주목할 만한, 현저한

☐ **sign** [sain] 징조, 표징, 표적

☐ **deny** [dinái] ~을 부정하다, 부인하다

☐ **stop … from …** ~가 ~하는 것을 막다

☐ **spread** [spred] ~에 퍼지다

☐ **further** [fə́:rðər] (정도) 더욱 더, 더 한층, 그보다도 더

☐ **warn** [wɔ:rn] ~에 경고하다

Quiet Time

Trace and write, chunk by chunk.

그래서 그들은 그들에게 명령했습니다 /

So they ordered them /

산헤드린에서 물러가라고 /

to withdraw from the Sanhedrin /

그러고 나서 서로 상의했습니다

and then conferred together.

우리가 어떻게 했으면 좋겠습니까 이 사람들을 / 그들은 물었습니다

"What are we going to do with these men?" / they asked.

모든 사람이 예루살렘에 살고 있는 알고 있습니다 /

“Everyone living in Jerusalem knows /

그들이 행한 것을 주목할 만한 표적을 /

they have performed a notable sign, /

그래서 우리는 그것을 부인할 수 없습니다

and we cannot deny it.

그러나 이 일을 막기 위해서 /

But to stop this thing /

더 이상 멀리 퍼지는 것으로부터 / 사람들 가운데 /

from spreading any further / among the people. /

우리는 그들에게 경고해야 합니다 /

we must warn them /

더 이상 말하지 않도록 아무에게도 / 이 이름으로

to speak no longer to anyone / in this name."

Remember and write.

그래서 그들은 그들에게 명령했습니다 /

산헤드린에서 물러가라고 /

그러고 나서 서로 상의했습니다

우리가 어떻게 했으면 좋겠습니까 이 사람들을 / 그들은 물었습니다

모든 사람이 예루살렘에 살고 있는 알고 있습니다 /

그들이 행한 것을 주목할 만한 표적을 /

그래서 우리는 그것을 부인할 수 없습니다

그러나 이 일을 막기 위해서 /

더 이상 멀리 퍼지는 것으로부터 / 사람들 가운데 /

우리는 그들에게 경고해야 합니다 /

더 이상 말하지 않도록 아무에게도 / 이 이름으로

Remember and write.

58 Acts 4:18-20

[개역개정] 사도행전 4:18-20

그들을 불러 경고하여 도무지 예수의 이름으로 말하지도 말고 가르치지도 말라 하니 베드로와 요한이 대답하여 이르되 하나님 앞에서 너희의 말을 듣는 것이 하나님의 말씀을 듣는 것보다 옳은가 판단하라 우리는 보고 들은 것을 말하지 아니할 수 없다 하니

Chunk by chunk! 궁금한 순서로 이해해 보세요.

그러고 나서 그들은 그들을 불러들여 다시 /

Then they **called** them **in again** /

그들에게 명령했습니다 /

and **commanded** them /

말하거나 가르치지 말라고 결코 / 예수의 이름으로

not to **speak** or **teach** at **all** / in the **name** of **Jesus**.

그러나 베드로와 요한이 대답했습니다 /

But **Peter** and **John replied**, /

어떤 것이 옳겠습니까 / 하나님의 눈에는

"**Which** is **right** / in **God's eyes**:

여러분의 말을 듣는 것입니까 / 아니면 그분의 말씀을 듣는 것입니까

to **listen** to **you**, / or to **him**?

여러분이 재판관이 되어 보십시오
You be the **judges**!

우리로서는 /
As for us, /

우리는 말을 하지 않을 수 없습니다 /
we **cannot help speaking** /

우리가 보고 들은 것에 대해
about what we have **seen** and **heard**."

Read aloud and memorize!

궁금한 순서를 느끼면서, 박자에 맞춰 큰 소리로 읽고 암송해보세요. (붉은색으로 칠해진 단어는 강하고 길게 발음합니다.)

Words note! 확신이 없는 단어를 체크한 후 쓰면서 익히세요.

- ☐ **call … in** ~를 불러 들이다
- ☐ **command** [kəmǽnd] ~에게 명하다, 명령하다
- ☐ **speak** [spiːk] 말하다

☐ **teach** [tiːʧ] 가르치다

☐ **right** [rait] 옳은, 정당한

☐ **listen to …** ~을 듣다

☐ **judge** [dʒʌdʒ] 제판관

☐ **help … ing** ~하지 않을 수 없다

Quiet Time

Trace and write, chunk by chunk.

그러고 나서 그들은 그들을 불러들여 다시 /

Then they called them in again /

그들에게 명령했습니다 /

and commanded them /

말하거나 가르치지 말라고 결코 / 예수의 이름으로

not to speak or teach at all / in the name of Jesus.

그러나 베드로와 요한이 대답했습니다 /

But Peter and John replied, /

어떤 것이 옳겠습니까 / 하나님의 눈에는

"Which is right / in God's eyes:

여러분의 말을 듣는 것입니까 / 아니면 그분의 말씀을 듣는 것입니까

to listen to you, / or to him?

여러분이 재판관이 되어 보십시오

You be the judges!

우리로서는 /

As for us, /

우리는 말을 하지 않을 수 없습니다 /

we cannot help speaking /

우리가 보고 들은 것에 대해

about what we have seen and heard."

Remember and write.

그러고 나서 그들은 그들을 불러들여 다시 /

그들에게 명령했습니다 /

말하거나 가르치지 말라고 결코 / 예수의 이름으로

그러나 베드로와 요한이 대답했습니다 /

어떤 것이 옳겠습니까 / 하나님의 눈에는

여러분의 말을 듣는 것입니까 / 아니면 그분의 말씀을 듣는 것입니까

여러분이 재판관이 되어 보십시오

우리로서는 /

우리는 말을 하지 않을 수 없습니다 /

우리가 보고 들은 것에 대해

Remember and write.

59 Acts 4:21-22

[개역개정] 사도행전 4:21-22

관리들이 백성들 때문에 그들을 어떻게 처벌할지 방법을 찾지 못하고 다시 위협하여 놓아 주었으니 이는 모든 사람이 그 된 일을 보고 하나님께 영광을 돌림이라 이 표적으로 병 나은 사람은 사십여 세나 되었더라

Chunk by chunk! 궁금한 순서로 이해해 보세요.

추가 협박들이 있은 후에 /

After further threats /

그들은 그들을 풀어서 놓아 주었습니다

they **let** them **go**.

그들은 결정할 수 없었습니다 / 어떻게 그들을 처벌해야 할 지 /

They could **not decide** / **how** to **punish** them, /

왜냐하면 모든 사람들이 하나님을 찬양하고 있었기 때문입니다 /

because all the **people** were **praising God** /

일어났던 일에 대해

for **what** had **happened**.

왜냐하면 사람이 / 기적적으로 고침을 받은 /

For the **man** / who was **miraculously healed** /

사십 세가 넘었기 때문입니다

was **over forty years old**.

Read aloud and memorize!

궁금한 순서를 느끼면서, 박자에 맞춰 큰 소리로 읽고 암송해보세요. (붉은색으로 칠해진 단어는 강하고 길게 발음합니다.)

Words note! 확신이 없는 단어를 체크한 후 쓰면서 익히세요.

☐ **further** [fə́:rðər] 그 이상의, 더욱 더한, 더 추가된

☐ **threat** [θret] 위협, 협박

☐ **let … go** ~를 풀어서 놓아주다

☐ **decide** [disáid] 결의하다, 결정하다

☐ **punish** [pʌniʃ] ~을 벌하다, 처벌하다

☐ **praise** [preiz] (신을) 찬양하다, 찬미(찬송)하다

☐ **happen** [hǽpən] ~이 일어나다, 생기다

☐ **miraculously** [mirǽkjuləsli] 기적적으로

☐ **heal** [hi:l] 고치다, 치유하다

Trace and write, chunk by chunk.

추가 협박들이 있은 후에 /

After further threats /

그들은 그들을 풀어서 놓아 주었습니다

they let them go.

그들은 결정할 수 없었습니다 / 어떻게 그들을 처벌해야 할 지 /

They could not decide / how to punish them. /

왜냐하면 모든 사람들이 하나님을 찬양하고 있었기 때문입니다 /

because all the people were praising God /

일어났던 일에 대해

for what had happened.

왜냐하면 사람이 / 기적적으로 고침을 받은 /

For the man / who was miraculously healed /

사십 세가 넘었기 때문입니다

was over forty years old.

Remember and write.

추가 협박들이 있은 후에 /

그들은 그들을 풀어서 놓아 주었습니다

그들은 결정할 수 없었습니다 / 어떻게 그들을 처벌해야 할 지 /

왜냐하면 모든 사람들이 하나님을 찬양하고 있었기 때문입니다 /

일어났던 일에 대해

왜냐하면 사람이 / 기적적으로 고침을 받은 /

사십 세가 넘었기 때문입니다

Remember and write.

이어서 말해보기 08

Acts 4:1-22

Let's read with stress and rhythm!

궁금한 순서에 따라, 강세와 박자에 맞춰, 큰 소리로 읽어 보세요. (그러면 영어가 뚫립니다.)
붉은색으로 칠해진 단어는 강하고 길게 발음합니다.

Peter and John Before the Sanhedrin

1 The **priests** and the **captain** of the **temple guard**
and the **Sadducees**
came up to **Peter** and **John**
while they were **speaking** to the **people**.
2 They were **greatly disturbed**
because the **apostles** were **teaching** the **people**,
proclaiming in **Jesus** the **resurrection** of the **dead**.
3 They **seized Peter** and **John**
and, **because** it was **evening**,
they **put** them in **jail until** the **next day**.
4 But **many who** heard the **message believed**;
so the **number** of **men** who **believed**

grew to about five thousand.

5 The next day

the rulers, the elders and the teachers of the law

met in Jerusalem.

6 Annas the high priest was there,

and so were Caiaphas, John, Alexander

and others of the high priest's family.

7 They had Peter and John brought before them

and began to question them:

"By what power or what name did you do this?"

8 Then Peter, filled with the Holy Spirit, said to them:

"Rulers and elders of the people!

9 If we are being called

to account today for an act of kindness

shown to a man who was lame

and are being asked how he was healed,

10 then know this, you and all the people of Israel:

It is by the name of Jesus Christ of Nazareth,

whom you crucified

but whom God raised from the dead,

that this man stands before you healed.

11 Jesus is "'the stone you builders rejected,

which has become the cornerstone.'

12 **Salvation** is **found** in **no one else**,
for there is **no other name**
under heaven given to **mankind**
by **which** we **must** be **saved**."
13 When they **saw** the **courage** of **Peter** and **John**
and **realized** that they were **unschooled**, **ordinary men**,
they were **astonished**
and they **took note** that **these men** had **been** with **Jesus**.
14 But **since** they could **see** the **man** who had been **healed**
standing there with them,
there was **nothing** they could **say**.
15 So they **ordered** them to **withdraw** from the **Sanhedrin**
and **then conferred together**.
16 "**What** are we **going** to **do** with **these men**?" they **asked**.
"**Everyone living** in **Jerusalem knows**
they have **performed** a **notable sign**,
and we **cannot deny** it.
17 But to **stop this thing**
from **spreading any further among** the **people**,
we **must warn** them
to **speak no longer** to **anyone** in **this name**."
18 **Then** they **called** them **in again**
and **commanded** them **not** to **speak** or **teach** at **all**

in the name of Jesus.

19 But Peter and John replied,

"Which is right in God's eyes:

to listen to you, or to him?

You be the judges!

20 As for us,

we cannot help speaking

about what we have seen and heard."

21 After further threats they let them go.

They could not decide how to punish them,

because all the people were praising God

for what had happened.

22 For the man who was miraculously healed

was over forty years old.

09

The Believers Pray

60 Acts 4:23-24

[개역개정] 사도행전 4:23-24

사도들이 놓이매 그 동료에게 가서 제사장들과 장로들의 말을 다 알리니 그들이 듣고 한마음으로 하나님께 소리를 높여 이르되 대주재여 천지와 바다와 그 가운데 만물을 지은 이시오

Chunk by chunk! 궁금한 순서로 이해해 보세요.

The Believers Pray

(신자들이 기도하다)

그들이 석방되자 곧 /
On their **release**, /

베드로와 요한이 돌아가 그들의 동료들에게 /
Peter and **John went back** to their **own people** /

모든 것을 보고했습니다 /
and **reported all** /

대제사장들과 장로들이 / 그들에게 말한
that the **chief priests** and the **elders** / had **said** to them.

그들이 이 말을 들었을 때 /
When they **heard this**, /

그들은 그들의 목소리를 높여 함께 / 하나님께 기도했습니다
they **raised** their **voices together** / in **prayer** to **God**.

주권자이신 주님 / 그들은 말했습니다 /
"**Sovereign Lord**," / they **said**, /

당신은 하늘을 만드셨습니다 / 그리고 땅을 / 그리고 바다를 /
"you **made** the **heavens** / and the **earth** / and the **sea**, /

그리고 그것들 안에 있는 모든 것을
and **everything** in them.

Read aloud and memorize!

궁금한 순서를 느끼면서, 박자에 맞춰 큰 소리로 읽고 암송해보세요. (붉은색으로 칠해진 단어는 강하고 길게 발음합니다.)

Words note! 확신이 없는 단어를 체크한 후 쓰면서 익히세요.

- ☐ **believer** [bilí:vər] 믿는 사람, 신자
- ☐ **on one's release** ~이 석방되자 (곧)
- ☐ **own** [oun] (소유·관련성을 강조하여) ~ 자신의(~의)
- ☐ **report** [ripɔ́:rt] ~을 알리다, 보고하다

☐ **raise one's voice** (~의) 목소리를 크게 하다, 높이다

☐ **in prayer** 기도하는

☐ **sovereign** [sάvərin] 주권을 가진

☐ **make** [meik] 만들다

☐ **heaven** [hévən] (보통 the heavens) (문어) 하늘, 창공

Quiet Time

Trace and write, chunk by chunk.

신자들이 기도하다

The Believers Pray

그들이 석방되자 곧 /

On their release, /

베드로와 요한이 돌아가 그들의 동료들에게 /

Peter and John went back to their own people /

모든 것을 보고했습니다 /

and reported all /

대제사장들과 장로들이 / 그들에게 말한

that the chief priests and the elders / had said to them.

그들이 이 말을 들었을 때 /

When they heard this, /

그들은 그들의 목소리를 높여 함께 / 하나님께 기도했습니다

they raised their voices together / in prayer to God.

주권자이신 주님 / 그들은 말했습니다 /

"Sovereign Lord," / they said, /

당신은 하늘을 만드셨습니다 / 그리고 땅을 / 그리고 바다를 /

"you made the heavens / and the earth / and the sea, /

그리고 그것들 안에 있는 모든 것을

and everything in them.

Remember and write.

신자들이 기도하다

그들이 석방되자 곧 /

베드로와 요한이 돌아가 그들의 동료들에게 /

모든 것을 보고했습니다 /

대제사장들과 장로들이 / 그들에게 말한

그들이 이 말을 들었을 때 /

그들은 그들의 목소리를 높여 함께 / 하나님께 기도했습니다

주권자이신 주님 / 그들은 말했습니다 /

당신은 하늘을 만드셨습니다 / 그리고 땅을 / 그리고 바다를 /

그리고 그것들 안에 있는 모든 것을

Remember and write.

61 Acts 4:25-26

[개역개정] 사도행전 4:25-26

또 주의 종 우리 조상 다윗의 입을 통하여 성령으로 말씀하시기를 어찌하여 열방이 분노하며 족속들이 허사를 경영하였는고 세상의 군왕들이 나서며 관리들이 함께 모여 주와 그의 그리스도를 대적하도다 하신 이로소이다

Chunk by chunk! 궁금한 순서로 이해해 보세요.

당신은 말씀하셨습니다 성령으로 /

You **spoke** by the **Holy Spirit** /

당신의 종의 입을 통해서 / 우리 아버지 다윗

through the **mouth** of your **servant**, / our **father David**:

'왜 나라들이 분노하는가 /

"'**Why** do the **nations rage** /

그리고 족속들이 일을 꾸미는가 헛되이

and the **peoples plot** in **vain**?

세상의 왕들은 일어서며 /

The **kings** of the **earth rise up** /

통치자들이 단결하는구나 주에게 대적하여 /

and the **rulers band together against** the **Lord** /

그리고 그분의 기름 부음을 받는 자를 대적하여' 라고

and **against** his **anointed one**.'

Read aloud and memorize!

궁금한 순서를 느끼면서, 박자에 맞춰 큰 소리로 읽고 암송해보세요. (붉은색으로 칠해진 단어는 강하고 길게 발음합니다.)

Words note! 확신이 없는 단어를 체크한 후 쓰면서 익히세요.

- ☐ **speak by …** ~으로 말하다
- ☐ **mouth** [mauθ] 입
- ☐ **nation** [néiʃən] 나라, 국가
- ☐ **rage** [reidʒ] 몹시 화내다, 분노하다
- ☐ **people** [píːpl] (주로 복수형 peoples 사용) 민족, 종족, 족속
- ☐ **plot** [plat] ~을 꾸미다, 음모하다, 모의하다
- ☐ **in vain** 헛되이, 보람없이
- ☐ **rise up** 일어서다
- ☐ **band together against …** ~에 대적하여 결속하다, 단결하다
- ☐ **anoint** [ənɔ́int] 기름을 부어 신성하게 하다

Trace and write, chunk by chunk.

당신은 말씀하셨습니다 성령으로 /

You spoke by the Holy Spirit /

당신의 종의 입을 통해서 / 우리 아버지 다윗

through the mouth of your servant, / our father David:

'왜 나라들이 분노하는가 /

"'Why do the nations rage /

그리고 족속들이 일을 꾸미는가 헛되이

and the peoples plot in vain?

세상의 왕들은 일어서며 /

The kings of the earth rise up /

통치자들이 단결하는구나 주에게 대적하여 /

and the rulers band together against the Lord /

그리고 그분의 기름 부음을 받는 자를 대적하여' 라고

and against his anointed one.'

Remember and write.

당신은 말씀하셨습니다 성령으로 /

당신의 종의 입을 통해서 / 우리 아버지 다윗

'왜 나라들이 분노하는가 /

그리고 족속들이 일을 꾸미는가 헛되이

세상의 왕들은 일어서며 /

통치자들이 단결하는구나 주에게 대적하여 /

그리고 그분의 기름 부음을 받는 자를 대적하여' 라고

Remember and write.

62 Acts 4:27-28

[개역개정] 사도행전 4:27-28

과연 헤롯과 본디오 빌라도는 이방인과 이스라엘 백성과 합세하여 하나님께서 기름 부으신 거룩한 종 예수를 거슬러 하나님의 권능과 뜻대로 이루려고 예정하신 그것을 행하려고 이 성에 모였나이다

Chunk by chunk! 궁금한 순서로 이해해 보세요.

실제로 /
Indeed /

헤롯과 본디오 빌라도는 같이 모였습니다 /
Herod and **Pontius Pilate met together** /

이방 사람들과 이스라엘 사람들과 함께 / 이 도시에 /
with the **Gentiles** and the **people** of **Israel** / in **this city** /

음모를 꾸미기 위해서 당신의 거룩한 종 예수님에 대한 /
to **conspire against** your **holy servant Jesus**, /

당신께서 기름을 부으셨던
whom you **anointed**.

그들은 행했습니다 / 당신의 권능과 뜻이 결정하신 것을 /
They **did** / **what** your **power** and **will** had **decided** /

일어나기 전에
beforehand should **happen**.

Read aloud and memorize!

궁금한 순서를 느끼면서, 박자에 맞춰 큰 소리로 읽고 암송해보세요. (붉은색으로 칠해진 단어는 강하고 길게 발음합니다.)

Words note! 확신이 없는 단어를 체크한 후 쓰면서 익히세요.

☐ **meet** [mi:t] 모이다, 회합하다

☐ **Gentile** [dʒéntail] (보통 gentile) 이방인, 이교도

☐ **conspire against …** ~에 대한 음모를 꾸미다

☐ **holy** [hóuli] 거룩한

☐ **anoint** [ənɔ́int] 기름을 부어 신성하게 하다

☐ **will** [wəl, əl, l; (강) wíl] 의지, 뜻

☐ **decide** [disáid] 결의하다, 결정하다

☐ **beforehand** [bifɔ́:rhænd] ~ 전에 미리

☐ **happen** [hǽpən] ~이 일어나다, 생기다

Trace and write, chunk by chunk.

실제로 /

Indeed /

헤롯과 본디오 빌라도는 같이 모였습니다 /

Herod and Pontius Pilate met together /

이방 사람들과 이스라엘 사람들과 함께 / 이 도시에 /

with the Gentiles and the people of Israel / in this city /

음모를 꾸미기 위해서 당신의 거룩한 종 예수님에 대한 /

to conspire against your holy servant Jesus. /

당신께서 기름을 부으셨던

whom you anointed.

그들은 행했습니다 / 당신의 권능과 뜻이 결정하신 것을 /

They did / what your power and will had decided /

일어나기 전에

beforehand should happen.

Remember and write.

실제로 /

헤롯과 본디오 빌라도는 같이 모였습니다 /

이방 사람들과 이스라엘 사람들과 함께 / 이 도시에 /

음모를 꾸미기 위해서 당신의 거룩한 종 예수님에 대한 /

당신께서 기름을 부으셨던

그들은 행했습니다 / 당신의 권능과 뜻이 결정하신 것을 /

일어나기 전에

Remember and write.

63 Acts 4:29-30

[개역개정] 사도행전 4:29-30

주여 이제도 그들의 위협함을 굽어보시옵고 또 종들로 하여금 담대히 하나님의 말씀을 전하게 하여 주시오며 손을 내밀어 병을 낫게 하시옵고 표적과 기사가 거룩한 종 예수의 이름으로 이루어지게 하옵소서 하더라

Chunk by chunk! 궁금한 순서로 이해해 보세요.

이제 주님 / 그들의 위협들을 주의하여 보시고 /
Now, Lord, / **consider** their **threats** /

당신의 종들이 ~할 수 있게 해 주십이오 /
and **enable** your **servants** /

당신의 말씀을 말할 수 있게 / 아주 담대하게
to **speak** your **word** / with **great boldness**.

당신의 손을 펴서 고쳐주십시오 /
Stretch out your **hand** to **heal** /

그리고 행하십시오 표적들과 놀라운 일들을 /
and **perform signs** and **wonders** /

당신의 거룩한 종 예수의 이름을 통해
through the **name** of your **holy servant Jesus**."

Read aloud and memorize!

궁금한 순서를 느끼면서, 박자에 맞춰 큰 소리로 읽고 암송해보세요. (붉은색으로 칠해진 단어는 강하고 길게 발음합니다.)

Words note! 확신이 없는 단어를 체크한 후 쓰면서 익히세요.

- ☐ **consider** [kənsídər] 주의하여 보다, 조사하다
- ☐ **threat** [θret] 위협, 협박
- ☐ **enable … to …** (~에게) ~할 수 있게 하다
- ☐ **boldness** [bóuldnis] 담대함
- ☐ **stretch out** ~을 뻗다, 펴다
- ☐ **heal** [hi:l] ~을 고치다, 치유하다
- ☐ **perform** [pərfɔ́:rm] ~을 행하다, 수행하다

Quiet Time

Trace and write, chunk by chunk.

이제 주님 / 그들의 위협들을 주의하여 보시고 /

Now, Lord, / consider their threats /

당신의 종들이 ~할 수 있게 해 주십이오 /

and enable your servants /

당신의 말씀을 말할 수 있게 / 아주 담대하게

to speak your word / with great boldness.

당신의 손을 펴서 고쳐주십시오 /

Stretch out your hand to heal /

그리고 행하십시오 표적들과 놀라운 일들을 /

and perform signs and wonders /

당신의 거룩한 종 예수의 이름을 통해

through the name of your holy servant Jesus."

Remember and write.

이제 주님 / 그들의 위협들을 주의하여 보시고 /

당신의 종들이 ~할 수 있게 해 주십이오 /

당신의 말씀을 말할 수 있게 / 아주 담대하게

당신의 손을 펴서 고쳐주십시오 /

그리고 행하십시오 표적들과 놀라운 일들을 /

당신의 거룩한 종 예수의 이름을 통해

Remember and write.

Verse Work

Circle.

Now, Lord, consider their threats and enable your servants to speak your word with great 1. boldness. 2. Stretch out your hand to heal and perform signs and wonders through the name of your holy servant Jesus.

1. The underlined word can be replaced by ________.
   A. patience
   B. understanding
   C. courage

2. The underlined phrase means ________.
   A. reduce
   B. extend
   C. multiply

Answer Key: 1. C 2. B

64 Acts 4:31

[개역개정] 사도행전 4:31

빌기를 다하매 모인 곳이 진동하더니 무리가 다 성령이 충만하여 담대히 하나님의 말씀을 전하니라

Chunk by chunk! 궁금한 순서로 이해해 보세요.

그들이 기도한 후 /

After they **prayed**, /

장소가 / 그들이 모여 있던 / 흔들렸습니다

the **place** / where they were **meeting** / was **shaken**.

그리고 그들 모두 충만하여 성령으로 /

And they were **all filled** with the **Holy Spirit** /

하나님의 말씀을 말했습니다 담대히

and **spoke** the **word** of **God boldly**.

Read aloud and memorize!

궁금한 순서를 느끼면서, 박자에 맞춰 큰 소리로 읽고 암송해보세요. (붉은색으로 칠해진 단어는 강하고 길게 발음합니다.)

Words note! 확신이 없는 단어를 체크한 후 쓰면서 익히세요.

- ☐ **pray** [prei] 기도하다
- ☐ **meet** [mi:t] (사람·그룹 등이) 모이다, 회합하다
- ☐ **shake** [ʃeik] 흔들리다, 진동하다
- ☐ **fill with …** ~으로 가득차다, 충만하다
- ☐ **speak** [spi:k] 말하다
- ☐ **boldly** [bóuldli] 담대하게

Quiet Time

Trace and write, chunk by chunk.

그들이 기도한 후 /

After they prayed, /

장소가 / 그들이 모여 있던 / 흔들렸습니다

the place / where they were meeting / was shaken.

그리고 그들 모두 충만하여 성령으로 /

And they were all filled with the Holy Spirit /

하나님의 말씀을 말했습니다 담대히

and spoke the word of God boldly.

Remember and write.

그들이 기도한 후 /

장소가 / 그들이 모여 있던 / 흔들렸습니다

그리고 그들 모두 충만하여 성령으로 /

하나님의 말씀을 말했습니다 담대히

Remember and write.

이어서
말해보기
09

Acts 4:23-31

Let's read with stress and rhythm!

궁금한 순서에 따라, 강세와 박자에 맞춰, 큰 소리로 읽어 보세요. (그러면 영어가 뚫립니다.)
붉은색으로 칠해진 단어는 강하고 길게 발음합니다.

The Believers Pray

23 On their **release**,
Peter and **John went back** to their **own people**
and **reported all**
that the **chief priests** and the **elders** had **said** to them.
24 When they **heard this**,
they **raised** their **voices together** in **prayer** to **God**.
"**Sovereign Lord**," they **said**,
"you **made** the **heavens** and the **earth** and the **sea**,
and **everything** in them.
25 You **spoke** by the **Holy Spirit**
through the **mouth** of your **servant**, our **father David**:
"'**Why** do the **nations rage**

and the **peoples plot** in **vain**?

26 The **kings** of the **earth rise up**

and the **rulers band together against the Lord**

and **against** his **anointed one**.

27 **Indeed Herod** and **Pontius Pilate met together**

with the **Gentiles** and the **people** of **Israel** in **this city**

to **conspire against** your **holy servant Jesus**,

whom you **anointed**.

28 They **did what** your **power** and **will** had **decided**

beforehand should **happen**.

29 **Now**, **Lord**, **consider** their **threats**

and **enable** your **servants** to **speak** your **word**

with **great boldness**.

30 **Stretch out** your **hand** to **heal**

and **perform signs** and **wonders**

through the **name** of your **holy servant Jesus**."

31 **After** they **prayed**,

the **place** where they were **meeting** was **shaken**.

And they were **all filled** with the **Holy Spirit**

and **spoke** the **word** of **God boldly**.

10

The Believers Share Their Possessions

65 Acts 4:32-34A

[개역개정] 사도행전 Acts 4:32-34A

믿는 무리가 한마음과 한 뜻이 되어 모든 물건을 서로 통용하고 자기 재물을 조금이라도 자기 것이라 하는 이가 하나도 없더라 사도들이 큰 권능으로 주 예수의 부활을 증언하니 무리가 큰 은혜를 받아 그 중에 가난한 사람이 없으니

Chunk by chunk! 궁금한 순서로 이해해 보세요.

The Believers Share Their Possessions

(신자들이 그들의 소유물들을 나누다)

모든 신자들이 되었습니다 / 한 마음과 한 영혼이

All the **believers** were / **one** in **heart** and **mind**.

아무도 요구하지 않았습니다 /

No one claimed /

그들의 소유물들 중 조금이라도 그들의 것이라고 /

that **any** of their **possessions** was their **own**, /

그러나 그들은 모든 것을 나눴습니다 그들이 가진

but they **shared everything** they had.

큰 권능으로 /

With **great power** /

사도들은 계속했습니다 /

the **apostles continued** /

증언하기를 주 예수님의 부활을

to **testify** to the **resurrection** of the **Lord Jesus**.

그리고 하나님의 은혜가 매우 크게 역사하셔서 / 그들 모두 안에서 /

And **God's grace** was **so powerfully** at **work** / in them **all** /

궁핍한 사람들이 없었습니다 / 그들 가운데

that there were **no needy persons** / **among** them.

Read aloud and memorize!

궁금한 순서를 느끼면서, 박자에 맞춰 큰 소리로 읽고 암송해보세요. (붉은색으로 칠해진 단어는 강하고 길게 발음합니다.)

Words note! 확신이 없는 단어를 체크한 후 쓰면서 익히세요.

☐ **believer** [bilí:vər] 믿는 사람, 신자

☐ **share** [ʃεər] ~을 공유하다, 통용하다

☐ **possession** [pəzéʃən] 소유(물), 재산

☐ **claim** [kleim] ~을 요구하다, 주장하다

☐ **own** [oun] 자기의 것

☐ **testify to …** ~을 증언하다, 증거하다

☐ **resurrection** [rèzərékʃən] 부활

☐ **grace** [greis] (하느님의) 은혜, 은총

☐ **at work** 일하고 있는, 작업 중인; 작용하여

☐ **needy** [níːdi] 가난한, 빈곤한

☐ **person** [pə́ːrsn] (개개의) 사람, 개인

Quiet Time

Trace and write, chunk by chunk.

신자들이 그들의 소유물들을 나누다

The Believers Share Their Possessions

모든 신자들이 되었습니다 / 한 마음과 한 영혼이

All the believers were / one in heart and mind.

아무도 요구하지 않았습니다 /

No one claimed /

그들의 소유물들 중 조금이라도 그들의 것이라고 /

that any of their possessions was their own. /

그러나 그들은 모든 것을 나눴습니다 그들이 가진

but they shared everything they had.

큰 권능으로 /

With great power /

사도들은 계속했습니다 /

the apostles continued /

증언하기를 주 예수님의 부활을

to testify to the resurrection of the Lord Jesus.

그리고 하나님의 은혜가 매우 크게 역사하셔서 / 그들 모두 안에서 /

And God's grace was so powerfully at work / in them all /

궁핍한 사람들이 없었습니다 / 그들 가운데

that there were no needy persons / among them.

Remember and write.

신자들이 그들의 소유물들을 나누다

모든 신자들이 되었습니다 / 한 마음과 한 영혼이

아무도 요구하지 않았습니다 /

그들의 소유물들 중 조금이라도 그들의 것이라고 /

그러나 그들은 모든 것을 나눴습니다 그들이 가진

큰 권능으로 /

사도들은 계속했습니다 /

증언하기를 주 예수님의 부활을

그리고 하나님의 은혜가 매우 크게 역사하셔서 / 그들 모두 안에서 /

궁핍한 사람들이 없었습니다 / 그들 가운데

Remember and write.

66 Acts 4:34B-38

[개역개정] 사도행전 Acts 4:34B-38

이는 밭과 집 있는 자는 팔아 그 판 것의 값을 가져다가 사도들의 발 앞에 두매 그들이 각 사람의 필요를 따라 나누어 줌이라 구브로에서 난 레위족 사람이 있으니 이름은 요셉이라 사도들이 일컬어 바나바라(번역하면 위로의 아들이라)하니 그가 밭이 있으매 팔아 그 값을 가지고 사도들의 발 앞에 두니라

Chunk by chunk! 궁금한 순서로 이해해 보세요.

왜냐하면 때때로 /
For from **time** to **time** /

사람들이 / 땅이나 집들을 소유한 /
those / who **owned land** or **houses** /

그것들을 팔아서 /
sold them, /

돈을 가져다가 그 판매에서 받은 /
brought the **money** from the **sales** /

그것을 놓으면 / 사도들의 발 아래에 /
and **put** it / at the **apostles' feet**, /

그것이 누구에게나 분배되었기 때문입니다 / 도움이 필요한
and it was **distributed** to **anyone** / who had **need**.

요셉은 / 구브로에서 온 레위 사람 /
Joseph, / a **Levite** from **Cyprus**, /

사도들이 바나바라고 부르는 /
whom the **apostles called Barnabas** /

뜻하는 위로의 아들을 /
which **means** "**son** of **encouragement**", /

밭을 팔아서 / 그가 소유한 /
sold a **field** / he **owned** /

그 돈을 가져다가 /
and **brought** the **money** /

그것을 놓았습니다 / 사도들의 발 아래
and **put** it / at the **apostles' feet**.

Read aloud and memorize!

궁금한 순서를 느끼면서, 박자에 맞춰 큰 소리로 읽고 암송해보세요. (붉은색으로 칠해진 단어는 강하고 길게 발음합니다.)

Words note! 확신이 없는 단어를 체크한 후 쓰면서 익히세요.

☐ **own** [oun] ~을 소유하다

☐ **land** [lænd] 땅, 토지, 소유지

☐ **sell** [sel] ~을 팔다, 판매하다

☐ **sale** [seil] 판매, 매각

☐ **distribute** [distríbju:t] ~을 분배하다, 할당하다

☐ **need** [ni:d] 빈곤, 궁핍

☐ **mean** [mi:n] ~을 의미하다

☐ **encouragement** [inkə́:ridʒmənt] 위로, 격려, 고무

☐ **field** [fi:ld] 논, 밭

Quiet Time

Trace and write, chunk by chunk.

왜냐하면 때때로 /

For from time to time /

사람들이 / 땅이나 집들을 소유한 /

those / who owned land or houses /

그것들을 팔아서 /

sold them, /

돈을 가져다가 그 판매에서 받은 /

brought the money from the sales /

그것을 놓으면 / 사도들의 발 아래에 /

and put it / at the apostles' feet. /

그것이 누구에게나 분배되었기 때문입니다 / 도움이 필요한

and it was distributed to anyone / who had need.

요셉은 / 구브로에서 온 레위 사람 /

Joseph, / a Levite from Cyprus, /

사도들이 바나바라고 부르는 /

whom the apostles called Barnabas /

뜻하는 위로의 아들을 /

which means "son of encouragement". /

밭을 팔아서 / 그가 소유한 /

sold a field / he owned /

그 돈을 가져다가 /

and brought the money /

그것을 놓았습니다 / 사도들의 발 아래

and put it / at the apostles' feet.

Remember and write.

왜냐하면 때때로 /

사람들이 / 땅이나 집들을 소유한 /

그것들을 팔아서 /

돈을 가져다가 그 판매에서 받은 /

그것을 놓으면 / 사도들의 발 아래에 /

그것이 누구에게나 분배되었기 때문입니다 / 도움이 필요한

요셉은 / 구브로에서 온 레위 사람 /

사도들이 바나바라고 부르는 /

뜻하는 위로의 아들을 /

밭을 팔아서 / 그가 소유한 /

그 돈을 가져다가 /

그것을 놓았습니다 / 사도들의 발 아래

Remember and write.

이어서 말해보기 10

Acts 4:32-38

Let's read with stress and rhythm!

궁금한 순서에 따라, 강세와 박자에 맞춰, 큰 소리로 읽어 보세요. (그러면 영어가 뚫립니다.)
붉은색으로 칠해진 단어는 강하고 길게 발음합니다.

The Believers Share Their Possessions

32 **All** the **believers** were **one** in **heart** and **mind**.

No one claimed that **any** of their **possessions** was their **own**,

but they **shared everything** they had.

33 With **great power**

the **apostles continued**

to **testify** to the **resurrection** of the **Lord Jesus**.

And **God's grace** was **so powerfully** at **work** in them **all**

34 that there were **no needy persons among** them.

For from **time** to **time**

those who **owned land** or **houses sold** them,

brought the **money** from the **sales**

35 and **put** it at the **apostles' feet**,

and it was **distributed** to **anyone** who had **need**.

36 **Joseph**, a **Levite** from **Cyprus**,

whom the **apostles called Barnabas**

(which **means** "**son** of **encouragement**"),

37 **sold** a **field** he **owned**

and **brought** the **money**

and **put** it at the **apostles' feet**.

Appendix

[The Lord's Prayer]

[The Apostles' Creed]

[The Ten Commandments]

The Lord's Prayer

Our Father in heaven,

hallowed be Your name,

Your kingdom come.

Your will be done on earth,

as it is in heaven.

Give us today our daily bread.

Forgive us our debts,

as we also have forgiven our debtors.

And lead us not into temptation,

but deliver us from the evil one.

For Yours is the kingdom, and the power,

and the glory, forever. Amen.

주기도문

하늘에 계신 우리 아버지,

아버지의 이름을 거룩하게 하시며

아버지의 나라가 오게 하시며,

아버지의 뜻이 하늘에서와 같이

땅에서도 이루어지게 하소서.

오늘 우리에게 일용할 양식을 주시고,

우리가 우리에게 잘못한 사람을 용서하여 준 것 같이

우리 죄를 용서하여 주시고,

우리를 시험에 빠지지 않게 하시고,

악에서 구하소서.

나라와 권능과 영광이 영원히 아버지의 것입니다. 아멘.

The Apostles' Creed

I believe in God, the Father Almighty, maker of heaven and earth,

and in Jesus Christ, His only Son, our Lord,

who was conceived by the Holy Spirit, born of the Virgin Mary,

suffered under Pontius Pilate, was crucified, dead, and buried;

He descended into hell; the third day he rose again from the dead;

He ascended into heaven, and is seated at the right hand of God, the Father Almighty;

from thence He shall come to judge the quick and the dead.

I believe in the Holy Spirit, the holy universal church, the communion of saints, the forgiveness of sins, the resurrection of the body, and the life everlasting.

Amen.

사도신경

나는 전능하신 아버지 하나님, 천지의 창조주를 믿습니다.

나는 그의 유일하신 아들, 우리 주 예수 그리스도를 믿습니다.

그는 성령으로 잉태되어 동정녀 마리아에게서 나시고,

본디오 빌라도에게 고난을 받아 십자가에 못 박혀 죽으시고,

장사된 지 사흘 만에 죽은 자 가운데서 살아나셨으며,

하늘에 오르시어 전능하신 아버지 하나님 우편에 앉아 계시다가,

거기로부터 살아있는 자와 죽은 자를 심판하러 오십니다.

나는 성령을 믿으며, 거룩한 공교회와 성도의 교제와

죄를 용서받는 것과 몸의 부활과 영생을 믿습니다.

아멘.

The Ten Commandments

1. You shall have no other gods before me.
2. You shall not make for yourself an idol in the form of anything, and you shall not bow down to them or worship them.
3. You shall not misuse the name of the Lord your God.
4. Remember the Sabbath day by keeping it holy.
5. Honor your father and your mother.
6. You shall not murder.
7. You shall not commit adultery.
8. You shall not steal.
9. You shall not give false testimony against your neighbor.
10. You shall not covet your neighbor's belongings.

십계명

1. 너희는 내 앞에서 다른 신들을 섬기지 못한다.

2. 너희는 어떤 것이든지 그 모양을 본떠서 우상을 만들지 못한다.
너희는 그것들에게 절하거나, 그것들을 섬기지 못한다.

3. 너희는 주 너희 하나님의 이름을 함부로 부르지 못한다.

4. 안식일을 기억하여 그 날을 거룩하게 지켜라.

5. 너희 부모를 공경하여라.

6. 살인하지 못한다.

7. 간음하지 못한다.

8. 도둑질하지 못한다.

9. 너희 이웃에게 불리한 거짓 증언을 하지 못한다.

10. 너희 이웃의 소유물들을 탐내지 못한다.

MEMO

MEMO

성경적 영어교육 콘텐츠로 탄탄한 복음적 신앙과 유창한 영어실력을 갖춘 다음세대 키우기

교회

영어주일학교

교회학교의 폭발적 성장을 위한 강력한 신무기!
온라인 학습 활용까지 더한 교회 맞춤형 프로그램

가정, 공부방, 교회, 학교

영어성경홈스쿨

"오늘 내가 네가 명하는 이 말씀을 너는 마음에 새기고 네 자녀에게 부지런히 가르치며 집에 앉았을때에든지 길을 갈 때에든지 누워 있을 때에든지일어날 때에든지 이 말씀을 강론할 것이며"
[신명기 6:6-7]

유치부

Hello, Father! Hello, Jesus! (2년)

노래, 율동, 활동 학습으로 배우는
흥미진진한 구약/신약 14가지 스토리

초등부

Who made the World (1년)

Jesus Story (2년)

복음의 기초!
천지창조부터
하나님의 구원계획

사복음서의 스토리로
배우는 예수님
삶과 가르침

중등이상~성인

GPS 영어로 복음전하기

영어성경 통째암송 시리즈

성경말씀 영어로 암송하기

키즈

7세 이하를 위한 첫 영어 콘텐츠

바이블 스토리, 찬양&율동, 회화, 파닉스로
재미있게 배우기

베이직

홈스쿨 대표 콘텐츠

바이블 스토리 암송하고, 회화, 문법까지
한 번에 끝내기

어드밴스드

중등 레벨 콘텐츠

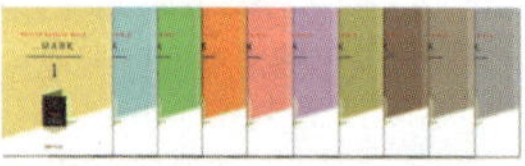

NIV본문 다시 말해보기 (Retelling)을 통해
듣기, 읽기, 쓰기, 말하기를 모두 아우르기

말씀을 영어로, 영어를 말씀으로 가르치길 원하는 분이라면 영어실력에 관계없이 누구나 젭스 교사가 될 수 있습니다.

온라인 교사대학 및 교재 문의 | 1800-0588 | jebs.kr

젭스의 영어성경 암송 시리즈
[@젭스 유튜브 채널의 정철선생 특강 교재]

성경말씀 영어로 암송하기
유명한 성경 구절별 암송 교재

YouTube 정철 직강

요한복음 영어로 암송하기
총 21장으로 구성된 요한복음 전체를
영어로 암송할 수 있도록 해주는 교재

YouTube 정철 직강

요한일서 영어로 암송하기
총 5장으로 구성된 요한일서 전체를
영어로 암송할 수 있도록 해주는 교재

YouTube 정철 직강

야고보서 영어로 암송하기
총 5장으로 구성된 야고보서 전체를
영어로 암송할 수 있도록 해주는 교재

YouTube 정철 직강

요나서 영어로 암송하기
총 4장으로 구성된 요나서 전체를
영어로 암송할 수 있도록 해주는 교재

YouTube 정철 직강

산상수훈 영어로 암송하기
총 2장으로 구성된 산상수훈 전체를
영어로 암송할 수 있도록 해주는 교재

YouTube 정철 직강

요셉이야기 영어로 암송하기
총 22장으로 구성된 요셉이야기 전체를
영어로 암송할 수 있도록 해주는 교재

YouTube 정철 직강